&R
29891

Abbé ROLAND-GOSSELIN

L'HABITUDE

PARIS

GABRIEL BEAUCHESNE

Rue de Rennes, 117

1920

MÊME LIBRAIRIE

MONOPHORISME ET ACTION FRANÇAISE, par Pedro DESCOQS,

TABLE. — I. En quoi consiste le Monophorisme. — La thèse de Testis. — Deux remarques. — II. Testis et les rapports de la nature et du surnaturel. — Nature et surnaturel d'après la doctrine catholique. — Méprise fondamentale de Testis. — Les postulats de Testis. — Le système de l'« alliance par les résultats bruts. ». — Testis et M. Blondel. — Intrinsécisme et extrinsécisme. — III. M. Laberthonnière et les rapports de l'Église avec l'État. — Le libéralisme de M. Laberthonnière. — La force au service de la religion. — Un dilemne. — Les erreurs de fait de M. Laberthonnière.

1 vol. in-8° couronne (IX-168 pages). *Net*, 5 fr.; *franco*. . 5 fr. 50

INTRODUCTION A L'ÉTUDE DU MERVEILLEUX ET DU MIRACLE, par Joseph DE TONQUÉDEC.

Extrait de la table des matières :

LIVRE I. : LES ATTITUDES PHILOSOPHIQUES PRÉSUPPOSÉES A L'ÉTUDE DES FAITS. — *Chapitre I.* Les philosophies naturalistes. — *Chapitre II.* Le déterminisme : l'induction contre le miracle. — *Chapitre III.* Les philosophies de la contingence et de la continuité. — *Chapitre IV et V.* Attitude adoptée. Section 1 : Les explications naturelles. Erreur ou fiction. Forces naturelles connues. Forces naturelles inconnues. Section 2 : Les explications surnaturelles : Dieu; les agents surnaturels inférieurs. Section 3 : les cas sans explication.

LIVRE II : LA MÉTHODE POUR CONSTATER LES FAITS MERVEILLEUX. — *Chapitre I.* Les faits dont nous serions nous-mêmes témoins. — *Chapitre II.* Les faits attestés par le témoignage d'autrui : la critique historique du merveilleux. Règles générales. — *Chapitre III.* La critique historique (suite). Règles spéciales. Section 1 : Critique d'interprétation. Section 4 : Critique des témoignages. Conditions relatives aux faits. Conditions relatives aux personnes; les Anciens; le Moyen Age; l'Orient; les Croyants; les Non-professionnels; les Foules...

2° *édition.* 1 vol. in-8 écu (XVI-161 p.), 7 fr. 50; *franco* 8 fr. 25

DU MÊME AUTEUR :

IMMANENCE. Essai critique sur la doctrine de M. Maurice Blondel.

1 vol. in-8° couronne (XV-307 pages), 5 fr.; *franco* . . 5 fr. 50

La NOTION DE VÉRITÉ dans la « Philosophie nouvelle ».

1 vol. in-8° couronne (149 pages), 2 fr.; *franco*. . . . 2 fr. 50

La VIE CRÉATRICE. Esquisse d'une philosophie religieuse de la vie intérieure et de l'action, par Dom F. HÉBRARD, O. S. B. de l'abbaye de Ligugé.

Ire PARTIE : L'Enquête humaine.

TABLE. — Le problème humain. — Sensation et intuition. — Intuition et raison. — La réponse des choses. — Le langage. — L'amour. — La science. — L'art. — Le problème religieux. — L'attitude humaine.

1 vol. in-8 carré (XXXIX-678 pp.), 12 fr.; *franco* . . 13 fr. 20

L'Habitude

8 R
29891

L'Habitude

PAR

l'Abbé ROLAND-GOSSELIN

DOCTEUR EN PHILOSOPHIE

PARIS

GABRIEL BEAUCHESNE

Rue de Rennes, 117

VU ET APPROUVÉ

E. PEILLAUBE,
doyen.

IMPRIMATUR

Alfred BAUDRILLART,
vic. gén. recteur.

Paris, le 31 mai 1920.

AVERTISSEMENT

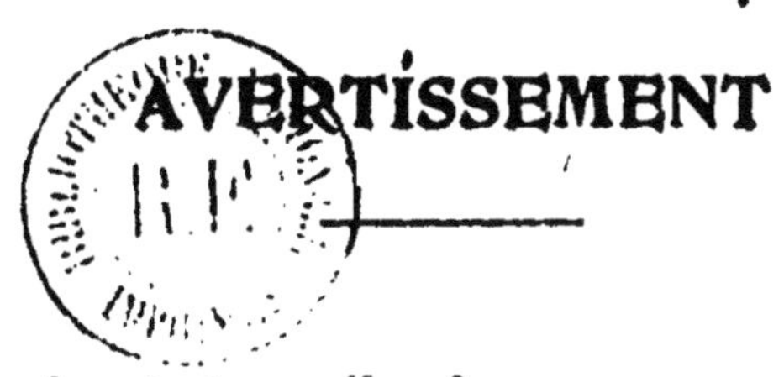

Le présent travail n'a aucune prétention à l'inédit. S'il a quelque mérite, c'est son souci constant de rester en liaison intime avec l'expérience. L'habitude y est analysée telle qu'elle se présente à l'observation la plus rigoureusement scientifique. La conclusion qui se dégage, c'est que l'habitude est une loi caractéristique de la vie. Loin d'être un pur et simple *état extérieur* de la matière, elle se révèle comme une *disposition interne* des êtres vivants, une mise au point immanente de leurs activités organiques, sensibles, intellectuelles et volor.taires. La science moderne rejoint donc le vieil Aristote et les faits se coulent d'eux-mêmes dans ses théories les plus générales. Si les découvertes de la biologie et de la physiologie permettent de préciser la notion de l'habitude, de l'enrichir d'apports nouveaux et de la distinguer, en certains points, de l'*habitus* des anciens, il n'en reste pas moins qu'elles confirment, toutes, les vues profondes du Stagirite. Les pages de saint Thomas, son génial commentateur, citées en appendice, pourront en convaincre aisément le lecteur.

L'HABITUDE

Le dogme moderne de la *relativité de la connaissance* contribue à donner au problème de l'habitude une importance capitale. L'absolu étant déclaré inconnaissable et inutile, il s'agit, pour la science, de découvrir le centre d'attraction qui groupe et unifie les phénomènes de la nature et de la vie. L'évolutionnisme l'a trouvé : c'est l'habitude. Elle apparaît comme « la loi des lois ». Les lois physiques sont des habitudes de la matière; les fonctions et les organes sont des habitudes physiologiques et motrices, nées sous l'influence du milieu et de la lutte pour l'existence; les instincts, les idées, l'esprit et la raison sont des habitudes psychologiques, contractées par l'espèce au cours des âges et fortifiées par l'hérédité.

On se propose ici d'étudier : *la nature de l'habitude, les lois de l'habitude, le domaine de l'habitude, le rôle de l'habitude.* De cet examen ressortira la légitimité ou non du procédé qui consiste à faire de l'habitude le *deus ex machina* qui dénoue les situations inextricables, en réduisant l'*a priori* à l'*a posteriori*, l'*inné* à l'*acquis*, la *création* à l'*évolution*.

CHAPITRE I

Nature de l'habitude.

I

Avec Épicure, Descartes et A. Comte, L. Dumont (1) déclare que l'habitude est une loi physique universelle. En dehors des complications auxquelles elle peut être soumise, elle n'est dans les êtres vivants que ce qu'elle est déjà dans le règne inorganique. Tout le monde sait qu'un vêtement, après avoir été porté un certain nombre de fois, se prête mieux aux formes du corps que lorsqu'il était neuf : il y a un changement dans le tissu et ce changement est une habitude de cohésion. Une serrure joue mieux après avoir servi; il a fallu d'abord plus de force pour vaincre certaines résistances, certaines aspérités du mécanisme. Cette destruction des résistances est un phénomène d'habitude. On a moins de peine à replier un papier dans le sens où il a été plié antérieurement. Cette diminution de peine rentre dans

(1) *Revue philosophique*, tome Ier, p. 322. De même : Van Bervlier, *La Mémoire*, p.10 ; Piéron, *Évolution de la mémoire*. p. 10: W. James, *Psychologie* (trad. Baudin et Bertier), p. 175.

le caractère essentiel de l'habitude d'après lequel le fait, pour être reproduit, exige une moindre somme de causalité extérieure. Les sons d'un violon s'améliorent par l'usage, entre les mains d'un artiste habile, parce que les fibres contractent à la longue des habitudes de vibration de plus en plus conformes aux rapports harmoniques : c'est ce qui donne une valeur inappréciable à certains instruments ayant appartenu à de grands maîtres. L'eau, en coulant, se creuse un canal de plus en plus large et plus profond, et, même après avoir cessé de couler, elle reprend, quand elle revient, la direction qu'elle-même s'est tracée dans son cours. De même, les impressions se façonnent dans le système nerveux des voies de mieux en mieux appropriées, et les phénomènes vitaux se reproduisent sous des excitations semblables après avoir été interrompus un certain temps. Même, dans la simple cristallisation des corps, on trouve déjà des traces de l'habitude; il est certain, du moins, que l'influence du milieu modifie la forme des cristaux. La cohésion elle-même est la résultante d'habitudes. Non seulement les éléments constituants d'un corps sont forcés d'adapter les uns aux autres la direction de leurs mouvements; mais leur vitesse, leur degré d'éloignement ou de rapprochement, sont déterminés par l'influence du milieu ou des forces extérieures, par la quantité de chaleur que le corps a perdue ou reçue, par des chocs mécaniques, par la pression à laquelle il peut être soumis, par la densité du milieu dans lequel il se trouve placé. Chaque fois qu'une de ces conditions change, l'habitude des mouvements change nécessairement, et ce changement persiste en vertu de l'inertie aussi long-temps qu'il ne survient pas de condition nouvelle. On objectera que l'habitude ne désigne ordi-nairement que des manières d'être acquises : mais précisément, toute cohésion a eu un com-mencement et ne résulte que des positions et des vitesses acquises par les éléments qui la constituent. Chez les êtres vivants et colloïdes, la cohésion se complique des mouvements de nutrition, d'assimilation et de désassimilation; mais, à travers les complications les plus grandes, on n'aperçoit jamais, au point de vue objectif, que des mouvements élémentaires se combinant en systèmes organiques, suivant des formes qui dérivent elles-mêmes de leurs directions et de leurs vitesses. Ces formes persistent jusqu'à ce qu'elles soient modifiées par un changement dans les forces qui réagissent incessamment sur chaque molécule ou chaque cellule d'un organisme.

On a donc tort d'exclure l'habitude du monde inorganique : elle est une propriété fondamen-tale de la matière, l'inertie. « L'habitude d'un être, c'est ce qu'il a (*habere, habitum, habitudo*), et comme ce qu'un être a, en tant que manière d'être, ne peut se manifester que par sa manière de modifier ou de changer les autres êtres, nous dirons simplement que *l'habitude est, dans une force, sa manière de réagir sur les autres forces, manière de réagir qui résulte elle-même de l'action que les autres forces ont exercée antérieurement sur elle* (1). »

Pour Ravaisson (2), qui, en cela, s'inspire d'Aristote, de Leibnitz et de Maine de Biran, l'habitude est une *disposition* à l'égard d'un changement, engendrée dans un être par la continuité ou la répétition de ce même changement. Rien n'est donc susceptible d'habitude que ce qui est susceptible de changement; mais tout ce qui est susceptible de changement n'est pas pour cela seul susceptible d'habitude. On a beau lancer un corps cent fois de suite dans la même direction, avec la même vitesse, il n'en contracte pas pour cela une habitude : il reste toujours le même à l'égard de ce mouvement (3). L'habitude n'implique pas seulement la mutabilité; elle n'implique pas seulement la mutabilité en quelque chose qui dure sans changer, elle suppose un changement dans la disposition,

(1) DUMONT, *Ouvr. cité*, p. 337. Bossuet, disciple de Descartes, avait déjà fait cette remarque (*Connaissance de Dieu*, v, 4).
(2) *De l'Habitude*, thèse de Doctorat. Paris, 1838.
(3) ARISTOTE, *Eth. Eud.*, ii, 2.

dans la puissance, dans la vertu intérieure de ce en quoi le changement se passe et qui ne change point. Or l'inertie n'est pas une puissance déterminée, susceptible d'être convertie en une disposition constante. C'est une puissance indéfiniment variable comme le mouvement même, et indifiniment répandue dans l'infinité de la matière. Pour constituer une existence réelle, où l'habitude puisse prendre racine, .il faut une unité réelle; il faut donc quelque chose qui, dans cette infinité de la matière, constitue l'unité, l'identité. Mais, dans toute l'étendue du règne inorganique : ou les éléments qui s'unissent ne changent, en s'unissant, que de rapports entre eux (union mécanique); ou ils s'annulent réciproquement, en se faisant équilibre (union physique); ou ils se transforment en une résultante commune, différente des éléments (combinaison chimique). Dans les trois cas, c'est un passage immédiat de la puissance à l'acte; et, hors de l'acte, il ne demeure pas de puissance qui en soit distinguée et qui y survive. Il n'y a donc pas là de changement durable qui puisse donner naissance à l'habitude, et de puissance permanente où elle trouve à s'établir. L'habitude n'est donc pas possible dans le règne inorganique.

De ces deux théories, il est facile de choisir celle qui concorde avec les faits. Parler d'habitude des atomes, c'est pure métaphore ou jeu de philosophe. Sans doute, un vieux vêtement va mieux, un papier se plie plus facilement la deuxième fois que la première, mais c'est uniquement que certaines fibres en ont été brisées. Si l'eau se creuse un lit, y dirige indéfiniment son cours, le reprend naturellement après la sécheresse, n'y est-elle pas contrainte par les lois de la pesanteur? La terre ne s'habitue pas à tourner ni la bille de billard à rouler. La thèse de Léon Dumont est en contradiction avec l'expérience. Il parle, d'ailleurs, en métaphysicien et ne s'en cache pas. « Les seuls philosophes, dit-il (1), qui protestent contre ceux qui font de l'habitude une propriété exclusive des organismes vivants, sont naturellement ceux qui, tourmentés du besoin de généralisation qui est le commencement de la science, cherchent à ramener les faits de l'univers à des principes aussi simples et aussi peu nombreux que possible et à combler, par conséquent, l'abîme qui n'existe qu'en apparence entre le monde inorganique et les règnes vivants. »

L'abîme n'est pas encore comblé et c'est un savant, peu suspect d'idéalisme, qui le déclare. Dans son ouvrage sur la *Stabilité de la Vie* (2), M. Le Dantec établit de manière irréfutable que l'habitude est la caractéristique

(1) *Ouvr. cité*, p. 323.
(2) Chap. VIII, pp. 138 à 150.

essentielle de la vie, qu'elle est la vie elle-même. Il affirme tout d'abord que l'un des résultats les mieux établis par l'observation quotidienne des êtres vivants, c'est la facilité de l'habitude. Les vieux proverbes montrent que les hommes ont remarqué de tout temps cette particularité des êtres vivants. On peut l'exprimer dans un langage artificiel en disant que, si l'on met un corps A en présence de conditions B nouvelles pour lui, si d'autre part les conditions B durent assez longtemps, les réactions destructives qui se superposent à l'assimilation pure et simple ont pour résultat : soit de tuer le corps A, soit de le transformer finalement en un corps A_1 qui trouve dans les conditions B sa véritable condition n° 1; on dit alors que le corps vivant s'est *adapté, habitué* aux conditions B; et ainsi, de conditions B en conditions B, la vie individuelle est une série d'adaptations ou au moins de commencements d'adaptation, car les conditions B changent ordinairement trop vite pour que le corps A ait le temps d'y être complètement adapté; le plus souvent un être vivant passe sa vie à chercher, sans y atteindre jamais, la réalisation de l'idéal qui est la condition n° 1 ou vie parfaite.

Le phénomène le plus intime de la vie qu'il ait été donné à l'homme d'observer jusqu'à nos jours, c'est la fabrication des *anticorps* dans les sérums. Dans un animal D, on injecte une certaine quantité d'un colloïde E, par exemple des globules de sang d'oie. Soit A le milieu intérieur de l'être D, ou, au moins, la partie fluide de ce milieu dans laquelle baignent tous les éléments histologiques de l'individu; *d* une certaine catégorie d'éléments histologiques de l'animal D particulièrement influencée par l'introduction du colloïde E dans le milieu intérieur A; ce sera, si l'on veut, les phagocytes de Metchnikoff.

L'animal D survit à l'injection; au bout d'un certain temps on injecte une nouvelle quantité du colloïde E; l'animal survit encore; finalement, on se propose de savoir quelles transformations ont été réalisées dans l'animal D, et particulièrement dans ses éléments histologiques *d*, par suite de son adaptation, de son accoutumance au colloïde E injecté dans son milieu intérieur.

Histologiquement, on ne constate aucune modification sensible dans l'animal; les cellules n'ont pas changé d'aspect; l'étude optique la plus approfondie laisserait croire que l'animal n'a pas été modifié. Il n'en est plus de même si l'on étudie le sérum de l'animal D, en employant comme réactif une nouvelle quantité du même colloïde E. On constate que le sérum de l'animal qui a subi les injections (on dit l'animal *préparé*), dissout *in vitro* de nouveaux éléments E. Un autre animal de la même espèce D, non préparé par les injections du colloïde E, fournit un sérum témoin *qui ne dissout pas* les éléments E. Il y a donc, dans le sérum de l'animal préparé, quelque chose de nouveau. Ce quelque chose de nouveau se constate longtemps après la disparition totale des éléments injectés E, et rapparaît même dans le sang de l'animal préparé, après qu'il a subi une saignée abondante. Les éléments histologiques de l'animal D ont acquis une aptitude qui survit à la cause qui l'a fait naître; pour vaincre des conditions hostiles, ils ont dû changer, ils ont dû s'accoutumer.

De ces phénomènes vitaux, on rapproche parfois, au point de les confondre avec eux, certaines particularités des colloïdes *non vivants*, à savoir les actions *diastasiques* (un colloïde est dit « diastase » d'un autre colloïde quand il a le pouvoir de l'assimiler physiquement). C'est à tort, l'expérience est là pour le prouver. Quand deux colloïdes en lutte sont morts, le résultat de la lutte est prévu d'avance; ou bien il y aura paix armée, chacun *résistant* à l'activité de l'autre, ou bien il y aura action diastasique. Quand l'un des colloïdes considérés est vivant, la question change d'aspect. Un colloïde vivant, on l'a vu plus haut, est un protée qui change de propriétés sous l'influence des circonstances auxquelles il est soumis. Dans la lutte, il subit des modifications *adaptatives* et se crée l'organe correspondant à cette lutte. C'est là l'avantage de l'être vivant sur le colloïde mort; le colloïde mort est ce qu'il est et lutte avec les armes qu'il a; le corps vivant, quand il continue de vivre, *devient ce qu'il faut qu'il soit* pour triompher dans la lutte; il se forge précisément les armes nécessaires, à chaque instant, à la continuation de sa vie. Ainsi « vivre, c'est s'habituer; être, c'est lutter; vivre, c'est vaincre. Mais en s'habituant, l'être vivant *change*; il ne triomphe donc pas intégralement comme le fait un colloïde mort quand ce colloïde mort triomphe. La victoire de l'être vivant s'accompagne d'une défaite partielle; il s'habitue (1). »

L'expérience est donc d'accord avec Aristote : seuls les vivants s'habituent. Dans le règne végétal, on trouve de curieux exemples d'adaptation (2). La *mimosa pudica* ferme ses feuilles chaque soir; si, pendant quelque temps, on la tient la nuit dans une chambre éclairée et le jour dans une cave, elle continue à veiller le jour malgré l'obscurité, et à dormir la nuit malgré la lumière; mais à la longue elle contracte des habitudes nouvelles et elle s'accoutume peu à peu à fermer ses feuilles pendant le jour et à les

(1) *Ouvr. cité*, p. 149.
(2) Costantin, *Les Végétaux et les milieux cosmiques*. — Piéron, *Ouvr. cité.*

ouvrir pendant la nuit. Quant aux animaux, on les apprivoise et on les dresse (1), autrement dit on leur impose des habitudes. Chez l'homme, l'habitude se rencontre à l'état rudimentaire et à l'état parfait. C'est là surtout qu'il faut l'étudier.

II

L'instinct profond de tout être organisé c'est de *s'organiser soi-même, de plus en plus et de mieux en mieux*. La conscience est mouvement et progrès dans l'unité. Ne pouvant s'accroître que *du dehors*, il lui faut d'une part emmagasiner et d'autre part assimiler. Ce sont les fonctions de la mémoire et de l'habitude.

Tout en opérant déjà un choix, la mémoire enregistre les images les unes après les autres, comme elles se présentent, sans préoccupation pratique. Un souvenir est une représentation, une réviviscence du passé, un coin et un moment de mon histoire. Il éveille en moi des émotions, des regrets, des satisfactions, des désirs : à moi et quelque chose de moi, il n'est pourtant pas *moi*. Il est hors de moi et comme détaché de moi dans l'espace et le temps.

En vue de l'action, l'habitude trie les souve-

(1) Lubbock, *Abeilles et Guêpes*. — Bohn, *La nouvelle psychologie animale*. — Hachet-Souplet, *Examen psychologique des animaux*.

nirs, fait une sélection propre à ses fins, dépouille les images de leurs caractères individuels et concrets, les isole de l'espace et du temps, les transforme en mécanismes vivants et agissants, faisant corps avec le moi.

Un enfant apprend à écrire. Il regarde attentivement le tableau noir, serre son crayon avec force, l'appuie nerveusement sur son cahier, trace péniblement des bâtons, fait d'inutiles efforts pour suivre la ligne. Il est rouge, son cœur bat, sa main tremble sous le regard du maître qui l'observe. Il gardera longtemps le souvenir de sa première page d'écriture. C'est un fait de mémoire.

Sous l'influence de la répétition, les images enregistrées vont perdre peu à peu ce qu'elles ont de particulier et d'accidentel. Bientôt l'écolier écrira couramment, sans penser à ce qu'il fait, sans chercher à se rappeler la forme des lettres, sans surveiller à tout moment les mouvements de sa main. Il n'est plus question d'émotions ni d'angoisses : les images motrices *se sont incarnées* au point de passer maintenant inaperçues. C'est un fait d'habitude.

Ainsi, s'il est inexact de dire avec Spencer (1) que « la mémoire concerne toute la classe de faits psychiques qui sont en train de devenir orga-

____

(1) *Principes de Psychologie*, trad. RIBOT, t. Ier, p. 487.

niques » pour la raison que les faits de mémoire, infiniment plus riches que les faits d'habitude, ne sont pas tous appelés à s'organiser et à monter des mécanismes, il est vrai d'affirmer que la mémoire est la grande pourvoyeuse des habitudes et que, à sa naissance, l'habitude se confond avec la mémoire.

Comment l'image-représentation devient-elle image-motrice, autrement dit comment le souvenir devient-il habitude?

L'observation constate et l'expérimentation confirme que, pour s'organiser en habitudes, les réactions d'une activité doivent s'incorporer à l'organisme et se faire assimiler par lui, grâce à la répétition des excitations, à leur durée et à leur intensité. Lorsqu'une excitation est répétée ou prolongée ou seulement intensifiée, la réaction qu'elle provoque tend à varier de façon constante. Porte-t-on brusquement un faisceau de lumière sur une actinie, elle se ferme. Si l'on recommence plusieurs fois, la réaction s'affaiblit et cesse complètement (1). Un savant (2) a observé que des araignées, à l'approche d'un diapason vibrant, se laissèrent tomber à terre cinq à sept fois, puis demeurèrent indifférentes. Au bout de quinze jours,

(1) SENNINGS, *Journal of experimental Zoology*, 1905, t. II, q. 438.
(2) PECKHAM, *Journal of Morphology*, 1887, t. 1er, p. 383.

l'habitude était prise et le diapason n'avait plus d'effet. Bien qu'Aristote ait affirmé qu'une hirondelle ne fait pas le printemps, il est des cas où un seul acte, par sa longue durée ou son intensité, détermine une habitude. Le cheval qui dérobe la première fois qu'il saute, parce que son cavalier lui donne un à-coup, dérobera indéfiniment, si un dressage savant n'intervient pas à temps. Une seule chute peut engendrer un vice. Puisque l'habitude n'est qu'un souvenir décortiqué et assimilé, elle est en germe dans le premier souvenir, donc dans le premier acte. Si celui-ci, d'ailleurs, ne laissait de lui aucune trace, ni le second, ni les suivants n'arriveraient à modifier l'activité d'une manière durable. Ce serait la « table rase », à jamais incapable de s'enrichir; comme les Danaïdes, les vivants se fatigueraient en pure perte. La première réaction est donc une habitude en puissance, qui se développe d'autant plus et d'autant mieux que plus vive est l'impression et plus souvent répétée. Des savants ont été jusqu'à mesurer le nombre, l'intensité et la durée d'excitations capables d'engendrer une habitude chez un homme ou chez un animal (1). Intéressantes pour les spécialistes, ces observations sont trop rares et leur interprétation trop difficile pour servir à la psychologie.

(1) PIÉRON. *Ouvr. cité.*

D'ailleurs l'excitation ne constitue pas l'habitude, elle n'en est que la cause extérieure. Il faut analyser le phénomène d'habitude et ses conditions d'existence dans le « patient. »

C'est grâce à la plasticité des tissus que les impressions organiques se fixent et se conservent. Un joueur de piano, s'il reste quelque temps sans faire ses gammes, a l'impression très nette que ses doigts sont rouillés, que ses muscles ont perdu de leur agilité et de leur souplesse. La localisation des mouvements est si spéciale que le virtuose, en utilisant les mêmes muscles, sera incapable d'exécuter un autre travail d'adresse. Mozart, pianiste incomparable, n'arrivait pas à couper sa viande à table. Le muscle exercé n'est pas apte à tout, mais seulement aux mouvements qu'il produit fréquemment. « Le travail musculaire, écrit le Dr Lagrange, tend à modifier la nutrition de tous les organes moteurs et à leur donner une structure qui favorise l'exécution des mouvements. Les muscles grossissent en même temps que leurs fibres deviennent nettes de tout tissu gênant et se dépouillent de la graisse qui pouvait entraver leur contraction. Le repos, au contraire, atrophie la fibre musculaire, et le muscle trop longtemps inactif, s'infiltre de tissus graisseux (1). » Le poumon et le

(1) *Physiologie des exercices du corps*, p. 171.

cœur changent de volume sous l'influence de l'exercice et acquièrent une plus grande aisance pour exécuter leur rythme avec régularité.

De l'avis de nombreux physiologistes, ces modifications purement fonctionnelles dépendent du système nerveux. Celui-ci retient les impressions qu'il a reçues et les mouvements qui l'ont traversé avant de devenir contraction musculaire. L'habitude établit une sorte de « voie nerveuse » où circulent plus rapidement et plus facilement les courants de forces vives, accumulées dans les cellules. Si l'on enlève à une grenouille toute la partie supérieure de l'axe cérébro-spinal, en ne laissant intacte que la moelle seule, l'animal peut encore réagir aux stimulations extérieures; si on lui pique ou pince la peau, si on lui laisse tomber une goutte de vitriol sur le dos, la grenouille, avec ses pattes de derrière, frotte la place atteinte pour enlever l'acide. Si, au lieu d'enlever complètement l'encéphale, on conserve les ganglions du mésocéphale, la grenouille, privée du cerveau, retient les mouvements de natation; si on la jette à l'eau, elle nage, évite des obstacles, mais manque d'initiative. On connaît le divertissement de l'empereur Commode qui faisait courir dans le cirque des autruches à toute allure. Au signal donné, on les criblait de flèches en forme de demi-lune qui leur tranchaient la tête, et les oiseaux décapités continuaient leur course.

D'autre part, si l'on examine la structure des nerfs chez un homme entraîné, on n'y constate aucun changement appréciable, pas plus que dans celle du cerveau et de la moelle épinière. Les hypothèses ont donc champ libre. On peut admettre comme probable que les mouvements volontaires accroissent certaines parties du cerveau, et que le nerf moteur subit une transformation moléculaire qui augmente sont pouvoir amplifiant. D'après Bechterew (1), le passage de l'énergie à travers les cellules nerveuses y entretient un processus renforcé d'échanges. Celui-ci aboutit à faire grandir la cellule et la fibre qui en sort. A leur tour, les ramifications de cette fibre s'allongent; elles entrent en contact plus parfait avec la cellule du neurone suivant; ainsi se trouve aplani l'obstacle à l'accumulation d'énergie dans le neurone donné. Piéron estime qu'en ce qui concer... le « frayage » des voies associatives, nulle précision n'est possible. On peut bien parler avec Le Dantec d'assimilation fonctionnelle, ou, avec Vervorn, de l'augmentation constructive des éléments nerveux au cours du fonctionnement. Ces conceptions qui reportent au système nerveux les faits constatés dans le système musculaire, au cours de l'ac-

(1) *L'Activité psychique et la vie*, p. 87. — Cf. aussi RENAUT, *Le neurone et la mémoire cellulaire*, Annales des Sciences psychiques, 1899, p. 202.

quisition des habitudes, restent trop loin des faits pour avoir une véritable valeur scientifique. Quant à l'opinion que l'habitude implique une substitution aux centres corticaux des centres primitivement subordonnés, elle doit demeurer très suspecte (1).

Quoi qu'il en soit des théories, il reste que la plasticité des tissus est indispensable à l'acquisition des habitudes et que, suivant la cinquième loi de Wundt (2), « chaque élément est d'autant mieux approprié à une fonction déterminée qu'il a accompli plus souvent cette fonction par suite de conditions extérieures qui l'y forçaient ».

Les impressions sont d'autant plus vives et profondes que le tissu est plus *neuf* et plus *sain*. Les organismes jeunes possédant, à raison d'échanges intraorganiques plus énergiques, une plus grande aptitude à libérer de l'énergie vive que les vieux, il est évident que la résonnance aux irritations externes, et, conséquemment, la mutabilité des organismes jeunes se montre supérieure, par comparaison, à celle des vieux. Quand on réfléchit à l'immense quantité d'images et d'habitudes que l'enfant acquiert avec tant de facilité et à l'effort que doit faire un vieillard pour apprendre, on est obligé de conclure que,

(1) *Ouvr. cité*, p. 273.
(2) *Phys. Psychologie*, I, p. 235.

à mesure qu'il avance en âge, les tissus de l'être humain se durcissent et deviennent de moins en moins propres à enregistrer une excitation. La fatigue, de son côté, diminue la plasticité de l'organisme et sa force de réaction.

« Nos facultés s'exercent avec moins de plaisir en proportion de la durée d'un même exercice; elles finissent, quand le même exercice se prolonge démesurément, par se fatiguer et se refuser à agir. Cela tient à ce que l'accomplissement de toute fonction s'accompagne d'une dépense qui, au delà de certaines limites, devient destructive des organes (2). » Ainsi, le phénomène de fatigue, qui se présente dans les mêmes conditions que l'habitude, c'est-à-dire lorsqu'une excitation est répétée, se manifeste d'une manière exactement contraire. Au lieu de progresser, on fait de mal en pis. Les mouvements s'exécutent avec une lenteur et une maladresse croissantes. Toute énergie organique est limitée et, si elle est épuisée en une direction, elle exige, pour se refaire, soit du repos, soit de la nourriture, soit une activité différente. Les lois qui régissent le régime du travail et du repos sont celles de la réparation de la cellule vivante, et c'est à l'alimentation et au dosage de l'effort, alternant avec la détente,

(2) Léon Dumont, *Théorie scientifique de la sensibilité* p. 71.

qu'il faut demander une augmentation de rendement. Un muscle qui travaille fait du *déchet*, c'est-à-dire se dépouille de certaines parcelles de son tissu qui se détachent et sont balayées dehors. Le sang, attiré en abondance au muscle par le fait même de sa contraction, y charrie des matériaux nouveaux. Il en résulte que le muscle entier finit par se renouveler et que le mouvement de nutrition et l'arrêt du travail musculaire remettent à neuf les instruments du travail. Cette remise en état du muscle demande plus ou moins de temps, selon les déchets que le sang doit entraîner et les éléments azotés qu'il doit fournir pour les remplacer. La plasticité d'un tissu a donc des limites et la vivacité, la durée, la répétition des excitations, doivent, pour engendrer non la fatigue, mais l'habitude, être limitées et mesurées. Dans tout travail musculaire, il s'établit spontanément un rythme qui représente la fréquence maxima compatible avec une production de travail constante. Chaque individu adopte sont rythme, marche à son allure, etc. S'il force ses nerfs ou ses muscles, il les affaiblit et obtient le contraire de ce qu'il cherche.

L'habitude se développe et se conserve, comme elle s'acquiert, par la répétition des actes. Ainsi qu'on peut le conclure des analyses précédentes, c'est l'habitude la plus intimement incorporée à nos tissus, autrement dit la plus ancienne et la mieux exercée, qui *tient* le mieux, jusqu'à devenir, dans certains cas, presque indestructible. Une habitude non entretenue tend à s'affaiblir et à disparaître. Si, d'une certaine façon, l'on peut dire que la fonction fait l'organe, on en déduira ce corollaire, vérifié par l'expérience : la cessation de la fonction fait disparaître l'organe. Ainsi le travail développe les muscles et dégage leurs fibres de tout tissu gênant, les dépouillant de la graisse qui entrave leur contraction ; le repos prolongé atrophie au contraire la fibre musculaire et le muscle s'infiltre de tissus graisseux. Une jointure qu'on laisse dans l'inaction s'ankylose. Une habitude récente, peu profondément gravée dans l'organisme, s'efface rapidement par désuétude. Mais une vieille habitude, comme l'ivrognerie par exemple, est d'autant plus tenace qu'elle est plus profondément incrustée dans les tissus.

Ici se posent deux questions, qui forment le nœud, peu facile à débrouiller, de l'évolutionnisme. Premièrement, l'habitude, qui se révèle merveilleusement *adaptatrice*, ne serait-elle pas aussi *créatrice*, et la répétition des actes, qui n'est autre chose que la fonction, ne *crée*-t-elle pas l'organe? Deuxièmement, la répétition des actes est-elle nécessaire pour acquérir une habitude, et ne peut-on pas naître avec des habitudes, transmises par hérédité, ainsi que l'affirme Aristote (1), que Pascal n'a fait que reprendre : « J'ai bien peur que cette nature ne soit elle-même qu'une première coutume, comme la coutume est une seconde nature. »

Et d'abord l'habitude est-elle créatrice ou simplement adaptatrice et organisatrice?

D'après Lamarck (2), le précurseur de Charles Darwin, les circonstances influant sur la forme et l'organisation des animaux, de grands changements dans les circonstances amènent de grands changements dans leurs besoins, et de pareils changements dans les besoins en amènent nécessairement dans les actions. Or, si les nouveaux besoins deviennent constants ou très durables, les animaux prennent alors de nouvelles *habitudes,* qui sont aussi durables que les besoins qui les ont fait naître. Et si de nouvelles circonstances, devenues permanentes pour une race d'animaux, ont donné à ces animaux de nouvelles habitudes, il en sera résulté l'emploi de telle partie par préférence à celui de telle autre, et, dans certains cas, le défaut total d'emploi de telle partie devenue inutile. L'expérience atteste que de nouveaux besoins, ayant rendu telle partie nécessaire, ont réellement par une suite d'efforts *fait naître celle partie,* et qu'ensuite son emploi soutenu l'a peu

(1) ARISTOTE, περὶ μνήμης, chap. II. « φύσις ἤδη τὸ ἔθος τὸ δὲ πολλάκις φύσιν ποιεῖ. »

(2) *Philosophie zoologique,* passim.

à peu fortifiée, développée et considérablement agrandie. Ceux qui ont beaucoup observé, et qui ont consulté les grandes collections, ont pu se convaincre qu'à mesure que les circonstances d'habitation, d'exposition, de climat, de nourriture, d'habitude de vivre, etc., viennent à changer, les caractères de taille, de forme, de proportion entre les parties, de couleur, de consistance, d'agilité et d'industrie pour les animaux changent proportionnellement. Les naturalistes ayant remarqué que les formes des parties des animaux, comparées aux usages de ces parties, sont toujours parfaitement en rapport, ont pensé que les formes et l'état des parties en avaient amené l'emploi : or, c'est là l'erreur, car il est facile de démontrer par l'observation que ce sont, au contraire, les besoins et les usages des parties qui ont développé les mêmes parties, *qui les ont même fait naître* lorsqu'elles n'existaient pas. D'un mot, « ce ne sont pas les organes, c'est-à-dire la nature et la forme des parties du corps d'un animal qui ont donné lieu à ses habitudes et à ses facultés particulières, mais ce sont au contraire ses habitudes et sa manière de vivre qui ont, avec le temps, constitué la forme de son corps, le nombre et l'état de ses organes, enfin les facultés dont il jouit (1) ».

(1) *Recherches sur les corps vivants*, p. 50.

Ces quelques lignes contiennent en germe le transformisme de Darwin, le monisme d'Hæckel et l'évolutionnisme d'Herbert Spencer et de Le Dantec. Pour ces philosophes naturalistes, l'habitude n'est pas seulement créatrice d'organes et de fonctions : c'est elle la mère de ce que les « métaphysiques, qui ne sont que des fantaisies grammaticales (1) » appellent : facultés, principes premiers, morale, droit, devoir etc...

Quelles que soient les limites que la science contemporaine et la philosophie assignent aux théories transformistes, les biologistes s'accordent à reconnaître qu'il s'est formé et qu'il se forme encore, soit dans les espèces végétales et animales, soit dans certaines parties des organismes vivants, des caractères nouveaux, des habitudes, nées du besoin de vivre, de s'accroître et de durer. L'on sait, par exemple, qu'au point de vue embryologique, le cristallin des vertébrés représente une partie ectodermique superficielle, englobée dans les formations venues du cerveau embryonnaire qui constituent l'œil, et complètement séparée de la couche cutanée qui lui a donné naissance. Opérant sur des larves et des formes développées d'urodèles (*Triton tæniatus*), M. Wolff (2) extirpa le cristallin sans en laisser

(1) LE DANTEC, *Le Problème de la mort et de la conscience universelle.*

(2) *Biol. centralblatt,* 1er sept. 1894.

aucune trace : or, au bout de quelques jours, *l'epithélium interne de l'iris* bourgeonne et donne naissance à un *nouveau cristallin*. Voilà donc une partie parfaitement préadaptée, produite du premier coup, selon un procédé absolument différent du type ontogénétique ordinaire, par une couche génératrice qui, dans le développement normal, n'est jamais appelé à lui donner naissance, qui provient elle-même d'une assise primaire différenciée dès les premiers stades du développement, et qui n'a subi, du fait de l'éloignement du cristallin, aucune lésion, point de départ ordinaire des processus de régénération. L'amibe se crée des structures spéciales, suivant les besoins. Son protoplasma s'adapte aux diverses conditions extérieures de vie, de telle sorte que ses parties acquièrent, selon les cas, la signification et la fonction d'organes de mouvement, d'organes de sensibilité, d'organes de nutrition, etc... De ce fait découlent deux conclusions : la première, c'est qu'un organisme a besoin d'organes pour déployer son activité vitale; la seconde, c'est que l'organisme a le pouvoir de construire lui-même ses organes (1). La nature offre beaucoup d'exemples d'espèces fixes qui, transportées par accident ou par la main de l'homme dans des conditions de vie nou-

(1) GEMELLI, *L'Enigma della vita.*

vello (climat et alimentation), acquièrent des habitudes et des proportions radicalement différentes de forme, de taille, de mouvements, de couleur, etc., au point d'induire le naturaliste à leur donner un nom spécifique différent du type primitif.

Mais — il importe de ne pas l'oublier — les mutations ne dépassent jamais certaines limites, au moins pour les cas observés et observables, et une grenouille n'arrivera jamais à se transformer en bœuf. « Ce n'est pas en regardant ni en écoutant, dit Aristote (1), que l'on acquiert la vue ou l'ouïe. Nous possédons ces sens avant que d'en user. » Si l'on a pu constater, dans les formes inférieures organisées, comme d'apparentes créations de fonctions et d'organes, nul parmi les plus croyants des évolutionnistes ne peut citer un seul exemple, dans les espèces supérieures végétales et animales, et à plus forte raison chez l'homme, d'une habitude créant tout de go une fonction et un organe. Qu'à des époques lointaines de l'histoire ou de la géologie des variations aient pu se produire, fondant ainsi de nouvelles espèces et de nouveaux organes, cela relève du domaine de l'hypothèse invérifiable. A l'heure actuelle, avec les instruments d'investigation dont ils sont pourvus, le biolo-

(1) *Éthiques*, livre II, chap. I.

giste et le psychologue, qui ne font pas de métaphysique, peuvent affirmer sans crainte d'être
démentis que l'expérience ne fournit aucun
exemple de *génération spontanée*, pas plus en biologie qu'en psychologie, et que toute habitude
vitale physiologique ou psychologique s'origine
à une activité plus ou moins plastique, qui est
non pas *créée* par un acte, mais *spécifiée* et
dirigée par lui. Les généralisations hâtives des
évolutionnistes sont si peu scientifiques que
Yves Delage (1) n'a pas craint de faire cet aveu :
« Je suis absolument convaincu qu'on est ou
n'est pas transformiste, non *pour des raisons*
(c'est lui qui souligne) tirées de l'histoire naturelle, mais *en raison* de ses opinions philosophiques. » En ce qui concerne strictement l'habitude, les faits sont décisifs : pas d'habitudes
qui ne correspondent à des tendances originelles.
Ces tendances sont plus ou moins nombreuses,
plus ou moins riches, plus ou moins plastiques,
selon le fonds d'activité et le degré d'organisation de chaque être. L'homme est le plus capable
d'habitudes, parce qu'il est, de tous les vivants,
le plus multiple et le plus divers en aptitudes et
en fonctions. Peut-on classer les inclinations et
les ramener, comme les principes premiers, à

(1) *L'Hérédité et les grands problèmes de Biologie générale*,
p 154, note.

un minimum? C'est un chapitre de psychologie que nous, n'avons pas à traiter ici. Qu'il nous suffise de remarquer que toutes nos habitudes, les plus simples comme les plus compliquées, se greffent sur les tendances les plus profondes de notre vie végétative, sensible et intellectuelle, dont elles ne sont qu'une *spécification* et une *floraison*. Notre organisme est comme un *orgue vivant*, à plusieurs claviers, qui sont nos tendances originelles. Chacun de ces claviers commande à des jeux innombrables qui s'expriment eux-mêmes en notes infinies : il y a là un fonds de mélodies et d'harmonies inépuisable. Toutefois l'orgue *joue* toujours à sa façon, il est orgue et reste orgue, c'est-à-dire un puissant instrument à vent. Quoi qu'on fasse, il ne donnera jamais les sons de la harpe ou du violon. L'habitude, elle aussi, joue dans le sens des tendances originelles. Elle n'a aucune prise contre les indications primitives de la nature. L'homme ne s'habitue pas à ne pas manger, à ne pas boire, à ne pas dormir, à ne pas bouger, à ne pas sentir, à ne pas penser. « Chassez le naturel, il revient au galop. »

Et nous voici amené à répondre à la deuxième question, qui n'est qu'un corollaire de l'autre : l'habitude est-elle personnelle à celui qui l'acquiert? Ne peut-elle pas être transmise par hérédité, et ne doit-on pas modifier le mot de Pascal (trop absolu, puisque l'habitude organise mais ne crée pas), et dire : « J'ai bien peur que cette nature ne soit *faite de beaucoup de coutumes* », ce qui donnerait à l'habitude sa part sans ôter à la nature la sienne?

Si le *transformisme* a tort en tant que système philosophique, il a raison quand il affirme qu'il peut y avoir des adaptations et des habitudes nouvelles dans les espèces végétales et animales. Ces modifications sont incontestables mais sont-elles héréditaires? Pour les caractères acquis sous l'influence directe du milieu il n'y a pas de doute, certains sont héréditaires. Les botanistes connaissent de nombreux cas d'adaptation héréditaire et arrivent à créer de nouvelles espèces de plantes et de fleurs, dont les graines reproduisent indéfiniment les modifications acquises. Les paléontologistes enregistrent des observations analogues. Ainsi Hyatt (1) démontre que le sillon dorsal des nautiloïdés n'existait pas à l'époque primaire. Les formes primitives étaient droites. Plus tard, elles se sont recourbées, puis enroulées en une spirale de plus en plus serrée, qui a creusé un sillon, de formation purement mécanique. Or, ce sillon existe, dès leur jeune âge, dans les formes récentes de nautiloïdés. Le zoo-

---

(1) *Philogeny of an acquired caracteristic,* Proceed. Amer. Philos. soc., 1893.

logiste Pictet (1) a fait les expériences suivantes sur le lépidoptère *ocneria dispar*. Si l'on remplace par des feuilles de noyer les feuilles de bouleau dont se nourrissent habituellement ses chenilles, la pigmentation des papillons issus des chenilles sont d'une teinte presque effacée et les dessins sont moins bien tracés. Ces variations se montrent dès la première génération et persistent dans les deux générations suivantes, malgré le retour à la nourriture habituelle. Qu'est-ce qui a constitué les diverses races humaines dans leur tempérament, leur couleur, leur physionomie, leurs goûts, etc., sinon des modifications acquises au cours des âges et transmises par hérédité?

Pour les acquisitions dues non plus à l'adaptation proprement dite mais à l'habitude volontaire, on peut affirmer, jusqu'à preuve du contraire, qu'elles ne sont pas héréditaires. Spencer fait grand cas du développement de la faculté musicale chez les peuples modernes civilisés et l'attribue aux progrès acquis et héréditaires. Cela n'est pas prouvé et il est possible que si, dès notre enfance, nos oreilles n'avaient entendu que de la « musique nègre », elles s'en contenteraient. On peut admettre d'ailleurs que cette meil-

(1) *Influence de l'alimentation et de l'humidité sur la variation des papillons*, Mém. Soc. phys. et Hist. natur., Genève, 1905.

leure aptitude musicale vient d'un affinement des organes et du système nerveux, transmis par hérédité. Mais ce n'est là encore qu'une adaptation, une disposition développée par les circonstances et par le milieu, non une véritable habitude psychologique. A chaque génération, l'enfant doit apprendre à marcher, à parler, à écrire, à compter. Son système nerveux naît toujours vierge, et s'il réagit d'une manière déterminée à certains réflexes et à certains instincts, il lui reste à acquérir une multitude de connexions et combinaisons qu'il n'épuisera jamais. Cette éducation est toujours à faire et nul n'a jamais entendu un nouveau-né parler dans son berceau. Or si l'habitude est transmissible par hérédité, comment les habitudes les plus ancrées dans la race humaine et les plus indispensables à la vie sociale, comme parler une langue et l'écrire, ne font-elles pas partie de ce que Le Dantec appelle le patrimoine héréditaire? Et que valent contre cet argument les quelques faits, « inégalement probants », de tics ou d'aptitudes professionnelles héréditaires, ramassés soigneusement par Ribot dans son *Hérédité psychologique* (1), qui, même s'ils ne sont pas explicables par l'éducation ou le simple be-

(1) P. 57 et suiv., reproduits par PAULHAN, dans sa *Physiologie de l'esprit*, p. 102.

soin d'imitation, relèvent des habitudes physiologiques de tempérament, de complexion, etc...,et nullement de l'habitude psychologique ?

Ainsi donc l'habitude ne crée pas, elle organise des tendances primitives et les perfectionne. Les caractères acquis sous l'influence du milieu, c'est-à-dire imposés par lui à l'organisme sous peine de déchéance et de mort, sont transmissibles dans certains cas par hérédité, et ce sont les seuls.

Ces conclusions peuvent servir à éclairer le problème de l'instinct qui, au dire des évolutionnistes, ne serait qu'une « habitude ancestrale » fixée par l'hérédité et transformée en un mécanisme automatique d'autant plus précis qu'il est inconscient, Pour Condillac (1) *l'instinct n'est rien*. Les animaux apprennent comme nous, et à leurs dépens, à se mouvoir et à agir. Ils contractent des habitudes, qui rendent leurs actes automatiques et inconscients; seule notre ignorance nous conduit à chercher dans l'instinct, qui n'est qu'un mot, une explication qui n'en est pas une. Lamarck et Darwin, élargissant ce point de vue, font de l'instinct non pas seulement l'habitude de *l'individu* mais surtout l'habitude de *l'espèce*.

Il est certain que les animaux et les végétaux

(1) *Traité des animaux,* 1re et 2e partie.

peuvent acquérir des habitudes, nos analyses précédentes l'ont suffisamment montré. *L'invariabilité absolue* des instincts, surtout chez les animaux supérieurs, est une thèse abandonnée. Les oiseaux apprennent par imitation à construire leurs nids, à chanter. Ils s'adaptent même à leur milieu et un oiseau en cage s'y prend autrement qu'un oiseau de même espèce en liberté. C'est là, sans doute, une *habitude acquise*, qui se greffe sur une tendance originelle, qui la développe, mais qui ne la crée pas, puisque l'habitude n'innove jamais entièrement. D'ailleurs, à mesure qu'on descend dans l'échelle des êtres, l'on rencontre des instincts de plus en plus précis et de moins en moins modifiables. Comment explique-t-on, si l'instinct n'est qu'une habitude, que l'habitude n'ait pas prise sur les êtres vivants dont les instincts possèdent le plus de perfection, c'est-à-dire, pour les évolutionnistes, dont les habitudes sont les plus minutieuses et les plus compliquées? Autre question : si l'instinct n'est pas l'embryon primitif, le *proles sine matre creata*, comment en appeler à l'habitude pour des actes qui doivent être immédiatement exécutés et d'une manière parfaite, où la moindre erreur serait fatale aux individus et à l'espèce? Fabre (1), se basant uniquement

(1) *Souvenirs entomologiques.*

sur ses propres expériences, déclare que chez les insectes : 1° les modifications des circonstances n'amènent pas de changements profonds dans la vie des insectes; 2° les actes instinctifs ne sont pas des actes d'habitude, parce qu'ils ne peuvent avoir acquis leur perfection par tâtonnements. Ils ont été ce qu'ils sont essentiellement, dès l'origine.

Enfin ce que nous avons dit de l'hérédité des habitudes, qui est loin d'être prouvée, bien au contraire, est une sérieuse objection à la thèse darwiniste. Il semble bien jusqu'à présent que si la *vertu instinctive,* tout comme la *vertu dormitive,* a changé de nom dans certaines philosophies pour s'appeler habitude héréditaire ou ancestrale, elle reste, quant à la chose, un *je ne sais quoi* qui demeure inexpliqué; qui, en tout cas, demeure inexplicable par l'habitude.

III

La plasticité de l'organisme d'une part, une tendance originelle de l'autre (tendance vitale, instinctive, sensible, motrice, etc...), voilà les deux conditions *sine qua non* pour qu'une réaction vitale puisse se transformer en habitude. Ces conditions sont nécessaires et suffisantes pour l'acquisition des *habitudes physiologiques.* Pour les *habitudes psychologiques* proprement dites, elles sont insuffisantes et d'autres éléments entrent en jeu.

Ici trouve place la distinction entre ce que Maine de Biran (1) appelle les *habitudes passives* et les *habitudes actives*.

L'habitude passive est *subie* par un organisme vivant. Elle n'est que l'accumulation de ses réactions vitales et sensibles aux impressions du milieu, et elle affecte spécialement « la faculté de sentir ». Elle est plutôt une accoutumance qu'une parfaite habitude. L'acclimatation d'un végétal à un nouveau pays, l'endurcissement au froid ou à la chaleur, sont des exemples d'habitude passive.

L'habitude active se rattache immédiatement à « la faculté de mouvoir ». L'équilibre n'est plus rompu en faveur du *dehors* qui s'impose au *dedans*. Le dedans, c'est-à-dire l'individu, le *moi*, prend l'initiative et s'affirme; il n'est plus l'esclave du milieu mais il le façonne et l'utilise. Il se monte lui-même à lui-même « des mécanismes et des savoir-faire (2) », dont il se sert pour mieux agir. L'homme est un faisceau d'habitudes passives et actives (habitudes sensibles, musculaires, volontaires, morales, intellectuelles), tandis que les organismes inférieurs

(1) *De l'habitude*. Œuvres philosophiques, t. Ier. Paris, 1841.

(2) W. JAMES, *O. c.*, p. 178.

et les végétaux sont limités aux habitudes passives.

Si légitime et si commode que soit cette classification, nous verrons qu'elle n'est pas absolue et que *passivité* et *activité* coexistent toujours — bien qu'à dose inégale — dans tout fait d'habitude. Ce qu'il faut noter, c'est que l'habitude active, par le fait même qu'elle agit plus qu'elle n'est agie, en plus de la plasticité organique et d'une tendance originelle exige des conditions psychologiques, sans lesquelles elle ne saurait ni s'organiser ni se développer.

Quelles sont-elles?

Nous avons expliqué que, pour s'organiser en habitudes, les réactions d'une activité doivent s'incorporer à l'organisme, être assimilés par lui. Or *l'organisme* de la vie psychologique, autrement dit son centre d'organisation, c'est la conscience. Il va donc de soi qu'une habitude psychologique ne peut se former que dans et par l'activité de la conscience. Supposé que je veuille apprendre à jouer du piano, il faut premièrement que j'aie *l'intention* d'acquérir cette science. C'est une *finalité* nouvelle *offerte* à mon activité mais non pas *imposée*. J'exerce un *choix* en l'adoptant. Deuxièmement, la direction de mon action étant choisie, il est nécessaire que ma conscience la *fixe*, ainsi que les chemins à prendre pour arriver au but. C'est le rôle de l'attention. Elle s'exercera d'abord quand il s'agira d'écouter les leçons et les conseils du professeur. Puis, lorsque je poserai les mains sur le clavier, c'est elle qui, parmi les multiples mouvements possibles de mes poignets, de mes doigts et de tout mon corps, fera, à tâtons, une *sélection*, rejettera, peu à peu, les mouvements nuisibles ou simplement inutiles, pour ne garder que les mouvements utiles et indispensables. C'est un triage semblable à celui qu'un ouvrier, qui s'apprête à construire, fait parmi les nombreux matériaux mis à sa disposition. Le choix arrêté, il reste à organiser, à coordonner tous les mouvements et à faire descendre dans les muscles, jusqu'au bout des ongles, les synthèses psychologiques. C'est ici qu'on saisit sur le vif la différence essentielle, déjà signalée, entre l'habitude volontaire et l'habitude passive : l'*extériorité* originelle de l'une et l'*immanence* de l'autre; la soumission du moi au non-moi chez celle-ci, et la victoire du moi sur le non-moi chez celle-là. Dans le cas présent, il est clair que la coordination psychologique précède la coordination physiologique, qu'elle la commande et la presse autant qu'elle le peut, et que, gémissant de ses résistances, elle se répète à elle-même : « L'esprit est prompt mais la chair est faible. »

Choix et synthèse s'affirment de plus en plus, à mesure qu'on s'élève aux habitudes supérieures.

De la jeune recrue qui s'entraîne au maniement du sabre au général en chef qui manie plusieurs millions d'hommes, le domaine du sensible et de l'automatique va se rétrécissant, au profit du champ intellectuel et volontaire qui s'amplifie. L'habitude gagne du côté de la tête ce qu'elle perd du côté de la main, et le mécanisme physiologique tend à devenir un outil de plus en plus humble au pouvoir de la synthèse spirituelle qui s'accroît et s'impose.

La conscience se révèle donc comme la grande organisatrice de l'habitude. Mais pour éveiller en elle et soutenir l'attention, qui est le regard fixé au but, indispensable au déclanchement de l'action, il faut des mobiles qui la saisissent et l'entraînent. Plus un être est compliqué, moins ses tendances sont déterminées. L'organisme inférieur réagit d'une manière uniforme et constante : c'est le cas du *réflexe*. Chez l'homme, la sensibilité et surtout l'intelligence possèdent des inclinations d'autant plus indéterminées qu'elles sont plus riches en virtualités et plus capables de choix. *Ce qui charme le désir*, voilà ce qui oriente et déclanche l'action d'où naît l'habitude et ce qui la tient tendue vers cet acte et sa répétition. Pour prendre l'appétit humain tout entier, l'amorce doit être à la fois intellectuelle et sensible, stimuler la raison et le cœur. L'intérêt et la sympathie sont les vrais générateurs de l'habitude. On ne s'habitue bien qu'à ce qui intéresse et à ce qu'on aime. Il n'y a pas de vertu totalement désintéressée, et l'*amour pur* des Quiétistes, s'il jaillit parfois de l'âme des saints comme l'éclair d'une fusée, ne saurait constituer un état habituel (1). Il se vérifie ici encore une fois que l'habitude est une tendance satisfaite et épanouie. Et de même que les habitudes physiologiques les plus tenaces sont celles qui font le plus *corps* avec les muscles et les nerfs, de même les habitudes psychologiques les plus vivantes sont celles qui *épousent* le mieux nos inclinations et nos goûts. On entrevoit par là le rôle essentiel, parfois négligé, de l'intérêt et du sentiment dans l'éducation, qu'elle soit intellectuelle, morale, religieuse ou simplement physique. L'éducateur (philosophe, prédicateur, gymnaste, etc.) compromet son enseignement et la culture de ses auditeurs, s'il n'arrive ni à les intéresser ni à les émouvoir. Le grain ne germe pas sur la pierre. Quand il prétend *supprimer les plaisirs,* non les *hiérarchiser,* l'ascétisme est une doctrine de néant : c'est ce qui explique la stérilité du bouddhisme, du jansénisme et de l'impératif catégorique. Un mort pourrait se définir : celui qui ne prend plus plaisir ni intérêt à rien.

(1) DENZINGER. *Enchiridion,* 1908, n° 1232.

En résumé, voici où aboutissent les précédentes analyses :

L'habitude est l'épanouissement d'une activité qui tend, en s'exerçant, à s'adapter à son milieu et à l'adapter à soi. Cette adaptation a pour conditions essentielles, avec l'exercice de la tendance, la plasticité passive de l'organisme et la plasticité active de la conscience. Elle est d'autant plus parfaite et durable que l'organisme est plus neuf et que l'exercice de la tendance est plus répété, plus utile et plus agréable.

CHAPITRE II

Lois de l'habitude.

L'habitude s'enregistre à la fois dans les tissus, dans les tendances et dans la conscience. Quelle y est son action?

I. — *L'habitude modifie les tissus et les organes.* — Ce fait a été constaté à propos des conditions physiologiques de l'habitude. Il est inutile d'y revenir, et la biologie est riche d'observations sur les effets morphologiques et anatomiques de l'habitude. La géographie humaine remarque à juste titre que le climat, la configuration du terrain, l'alimentation, le genre de vie, sont des éléments essentiels à la spécification des races. L'exercice développe et fortifie les organes. Les sports élargissent la poitrine et assouplissent les muscles. Parfois même ils entraînent des déformations : le gymnaste a les épaules énormes, les hanches étroites et le dos rond; le cavalier a les jambes arquées et l'escrimeur la colonne vertébrale courbée latéralement. On peut citer aussi les bras du forgeron, les mollets du cycliste, la main du pianiste. Lamarck, Darwin et tous les évolutionnistes ont amassé sur ce sujet des collections d'expérience, dont certaines ne manquent ni d'intérêt ni de valeur, quoique les conclusions métaphysiques qu'ils prétendent en tirer soient souvent hypothétiques ou erronées. Quand elle contrarie l'organisme, l'habitude affaiblit les tissus et les organes jusqu'à les annihiler : ainsi en est-il, par exemple, du surmenage et de l'intoxication alcoolique.

II. — *L'habitude développe les tendances et les entraîne à fonctionner de plus en plus et de mieux en mieux.* — L'habitude, nous l'avons dit, ne crée pas les tendances mais les développe. Elle « exalte la motilité (1) ». Pour saisir sur le vif la genèse de l'habitude, il suffit de suivre un enfant qui apprend à lire ou à écrire.

> D'abord il s'y prit mal, puis un peu mieux, puis bien ;
> Puis enfin il n'y manqua rien.

Quintilien (2) raconte comment Milon de Crotone, portant chaque jour le même veau, le portait encore quand il fut bœuf, la coutume ayant petit à petit rendu insensible à ses forces l'accroissement d'un si lourd fardeau. *Il n'y a que le premier pas qui coûte* et tout acte répété

(1) MAINE DE BIRAN, *Ouv. cité.*
(2) *Inst. orat.*, liv. I, chap. xv.

amène une diminution progressive de l'effort.
L'habitude commence par *préciser les mouve-*
ments. Quand on tire à l'épée pour la première
fois, que de dépense inutile d'énergie ! Les gestes
sont gauches et désordonnés; la lame décrit des
arcs de cercle et des paraboles désordonnés. Peu
à peu, grâce au coup d'œil mieux exercé, grâce à
l'assouplissement du corps et du poignet, tous les
mouvements sont mesurés et mis au point,
serrés et comptés. L'habitude a enrayé le gas-
pillage de forces et elle accomplit sa tâche avec
le minimum de pertes : elle tend, par le plus
court chemin, à un but déterminé et elle élague
tout ce qui la retarde. D'où *accroissement de*
vitesse. Ce qui frappe chez un homme *du métier*,
c'est la rapidité avec laquelle il boucle son travail : exemple un dactylographe, un jongleur.
Charles Henry (1) a calculé les degrés d'entraînement d'un mécanicien pour le démontage et
le remontage des pneus d'automobile : celui-ci
mit dix-sept minutes la première fois, puis
quatorze, puis dix, etc...; à la treizième expérience, il opéra en cinq minutes quinze secondes.
En plus de la vitesse, la coordination des mouvements assure leur *maximum de rendement*.
Sans être d'une vigueur exceptionnelle, certains
acrobates de foire soulèvent avec leurs dents

(1) *Mémoire et habitude*, p. 107.

un poids qu'un homme bien bâti serait incapable de remuer avec le bras. Bourdon (1), avec l'ergographe de Mosso quelque peu modifié, a enregistré l'expérience suivante : la main reposant à plat sur une table, il s'agit d'abaisser avec le médius une planchette mobile tournant autour d'une charnière et soulevée, à l'aide d'une poulie, par un poids de 1.500 grammes. La première semaine la moyenne des soulèvements fut de 48; la deuxième elle fut de 60; la troisième de 86; la quatrième de 116 et la cinquième de 186. Ainsi, en l'adaptant à une fin déterminée, l'habitude donne à l'action spontanéité et agilité, adresse et précision. L'harmonie des mouvements qui en résulte engendre la proportion et la grâce et s'achève en une œuvre d'art. Au contraire, le manque d'habitude se trahit par la raideur et la gaucherie dans les gestes et dans le travail : comparez les coups de crayon et les dessins d'un novice avec ceux d'un maître, les moulures d'un apprenti avec celles d'un artiste. A ces essais, il manque cette *science du juste milieu* qu'est l'habitude, point de perfection de toute activité.

Les progrès réalisés par l'habitude sont-ils indéfinis? Bourdon, dans les expériences citées,

---

(1) *Recherches sur l'habitude*, Année psychologique, 1902. p. 828.

note qu'il existe une limite pour chaque individu, qu'il ne peut dépasser. Le progrès, rapide au commencement, se fait ensuite lentement et finit par cesser : tout dépend de l'âge et du tempérament de chacun. Mais toujours le mot de La Fontaine reste vrai : « Ne forcez pas votre talent. » L'habitude n'est créatrice en aucune façon et la vie est une énergie spontanée non illimitée : elle a des bornes et quant à l'étendue de sa puissance et quant à l'étendue de sa durée (1). Toute adaptation est un profit avec pertes, où les pertes dépassent le profit et se soldent, en fin de compte, par la maladie et la mort. Dans le métier, dans la science, dans l'art, dans le génie, dans la vertu naturelle même, il y a *un point mort*, qu'il est difficile de franchir et qui fait le désespoir des poètes, des savants, des artistes et des saints.

Une fois développée et devenue autonome, l'habitude déploie ses *tendances égoïstes* et cherche à accaparer l'activité de l'organisme. Si n'intervenait pas la fatigue, ou la volonté, ou la nécessité, ou d'autres habitudes, elle jouerait seule indéfiniment. Et cela, non pas à la manière d'une roue à laquelle on aurait trouvé le moyen de communiquer du dehors le mouvement perpétuel. L'acte habituel est caractérisé par une

(1) Aristote, *Problèmes*, XXI, 5.

volonté interne qui le pousse en avant, comme spontanément, en sorte que ce qui le met en branle est beaucoup plus l'occasion que la véritable cause de son déclanchement. « Il arrive fréquemment que chez les animaux dressés depuis longtemps, une manie domine les autres et finit par se révéler même en dehors de toute excitation artificielle de la part du dresseur. Nous donnerons en exemple un de nos chevaux de haute école qui, pour manger son avoine, étendait la jambe, absolument comme dans le pas espagnol, et notre âne danseur qui du matin au soir exécute le *balancer*, presque sans aucun repos » (1). Qui n'a pas ses gestes, ses jeux de physionomie, ses petites manies, ses tics, qui le sollicitent malgré lui? Tout individu se reconnaît à son *allure*, à ses *attitudes* stéréotypées, qui ne sont autre chose que la somme de ses mouvements habituels et qui s'imposent à lui en toutes ses actions et en toutes ses démarches. Les observations médicales, qui sont souvent précieuses pour la psychologie, confirment la commune expérience. Le Dr Dupouy (2) affirme que, pour les opiomanes, l'abstinence du poison n'est pas la seule cruelle. Les fumeurs qu'on sèvre d'opium sont hantés d'accomplir le simulacre de leur ancienne passion et de fumer à vide. Ceux

(1) HACHET-SOUPLET, *Ouv. cité*, p. 138.
(2) *Les Opiomanes*, p. 205.

qui soignent des toxicomanes savent, paraît-il, combien est puissante chez eux *l'obsession du geste.* Elle se retrouve chez les morphinomanes, chez les *amants de la seringue,* et Morel-Lavallée (1) a donné le nom de *Kentomanie* à cette manie de la piqûre, aussi développée chez eux, sinon davantage, que l'appétit de la morphine. Le *désir de sentir* ne suffit donc pas à expliquer le *besoin* qu'engendre l'habitude. L'alcoolique, dont le palais est insensible, est commandé à heure fixe par son absinthe, et l'opiomane qui renonce brusquement à « tirer sur le bambou » est pris d'un malaise général. Une sorte de crispation intérieure avec angoisse, palpitations, tremblements et frissons, le conduisent souvent à la mort. Notre existence journalière est tissée d'habitudes — occupations, fréquentations, etc... — qui, peu à peu, sans que nous nous en rendions compte, accaparent notre activité et nous deviennent indispensables. L'amour du clocher, le mal du pays, sont une des expressions les plus caractéristiques de cet appétit indéfinissable que développent en nous les habitudes. Nous ne prenons conscience de nos chaînes et de leur empire sur tout notre être que lorsqu'elles se brisent : alors seulement nous constatons combien solidement nous étions *attachés* à ce

(1) *La Kentomanie,* Soc. méd. des hôp., 5 mai 1911.

que nous avons perdu. La séparation et la mort
sont d'autant plus douloureuses qu'elles brisent
des liens d'habitude plus nombreux et plus in-
times. Quand il s'agit d'une habitude de la sensibilité, d'une sensation savourée pour elle-même
et qui fait appel aux forces vives de l'organisme,
elle irrite le besoin sans jamais le satisfaire.
Celui qui est habitué aux excitations factices,
indifférent dans la jouissance, se sent cruelle-
ment tourmenté dans la privation; pour retrouver ses sensations perdues, il augmente indéfiniment en nombre et en intensité la dose des
excitations, ce qui a pour résultat d'accroître
démesurément ses besoins. « Rien ne vaut les
débuts, écrit un fumeur d'opium, le bien-être
obtenu à la cinquième pipe. Après, cent pipes
n'arrivent qu'à peine au même résultat (1). »
Le fumeur n'en continue pas moins à fumer, et
de plus en plus, même quand la sensation est
presque nulle. Il faut en conclure que l'organe,
siège de la sensation, loin d'être un instrument
purement passif qui enregistre les impressions,
réagit activement, s'adapte aux conditions nouvelles auxquelles le met aux prises la sensibilité, et tend d'un effort continu à y déployer
ses énergies. Le besoin ne serait donc pas seulement l'appétit inassouvi d'un plaisir : il serait

(1) Dupouy, *Ouv. cité*, p. 93.

encore l'impulsion, la poussée interne d'une activité, dirigée et développée par l'habitude, qui veut agir pour agir et vivre sous sa propre loi.

Peut-être pourrait-on objecter que les habitudes impulsives sont la minorité et que chacun est tissé de multiples habitudes qui trouvent rarement leur emploi et qui ne cherchent nullement à s'exercer. Nul ne sent le besoin d'écrire pour écrire, et l'ouvrière qui passe sa journée à enfiler des perles ou à envelopper des pillules pharmaceutiques dans du papier de plomb, se dispenserait bien de cette corvée, si son gagne-pain n'était pas en jeu.

La réponse est que l'activité est sollicitée par une innombrable multitude de sensations et d'habitudes qui s'entre-choquent et se neutralisent, et que c'est l'intérêt, ou l'utilité, ou le plaisir, ou la nécessité, ou la volonté qui déclanche telle ou telle action, telle ou telle habitude. A supposé qu'on puisse, un instant, endormir toutes les habitudes d'un homme excepté une, celle-ci se mettrait en marche à la première occasion. On peut trouver confirmation de cette hypothèse chez certains malades dont le champ de la conscience est amoindri et réduit à sa plus simple expression. « J'ai eu dans mon service, dit M. Luys (1), une malade, jeune encore, qui, pen-

---

(1) *Le Cerveau et ses fonctions.*

dant longtemps, avait été attachée à la Salpê-
trière comme fille de lingerie pour plier les linges
et rouler les bandes. Dans les dernières années
de sa vie, cette femme étant devenue complètement aveugle et paralytique, venait-on à
mettre entre ses mains un bout de corde, immédiatement elle se mettait à opérer des mouvements de roulement avec ses mains, automati-
quement, sans savoir ce qu'elle faisait, comme
si c'eût été un appareil d'engrenage mécanique. »

III. — *L'habitude tend à l'inconscience.* —
Une sensation prolongée ou répétée s'émousse;
au début de l'hiver, le froid est très pénible
mais on s'y fait peu à peu. Personne ne
sent le poids de ses vêtements et il arrive
à un myope de chercher ses lunettes quand
elles reposent sur son nez. Le corps est le
siège de mille sensations internes auxquelles
il est accoutumé et qui passent inaperçues.
Ce sont elles, souvent, la cause insoupçonnée
de joies et de désirs, d'accès d'humeur et de
répugnances que rien ne semble justifier. L'odo-
rat et le goût, qui sont les sens les plus matériels,
s'usent rapidement sur le même objet. « Mon
collet de fleurs sert à mon nez : mais après
que je m'en suis vêtu trois jours de suite, il
ne sert qu'aux nez assistants (1). » Les étu-

(1) MONTAIGNE, *Essais*, liv. I, chap. XXII.

diants en médecine, incommodés d'abord par l'amphithéâtre, n'en souffrent plus après quelque temps. Un mets succulent, si l'on en abuse, devient fade et insipide; par contre, le palais s'habitue aux saveurs désagréables. « Ce que les sauvages mangent, nous, missionnaires, nous le mangeons aussi à la longue. La compagnie, l'exemple et surtout l'absence complète de meilleure nourriture, tout contribue à détruire les préjugés de l'estomac et de l'éducation. Si l'on veut connaître quelques-unes de ces raretés qui relèvent la fadeur de notre riz, je nommerai les chiens, les rats, les souris, les singes, les serpents, les scorpions et les crapauds (1). » La rétine s'accommode aux ténèbres et à la lumière, l'oreille de l'artilleur et du forgeron au bruit du canon et de l'enclume. « Je loge chez moi en une tour, où, à la diane et à la retraite, une fort grosse cloche sonne tous les jours l'*Ave Maria*. Ce tintamarre étonne ma tour même : et aux premiers jours me semblant insupportable, en peu de temps m'apprivoise de manière que je l'oy sans offense et souvent sans m'en éveiller (2). »

Se greffant seulement sur des tendances naturelles, l'habitude n'a pas de prise directe sur

(1) Abbé DOURISBOURE, *Les Sauvages Ba-Hnars*, Paris, 1904, p. 124.

(2) MONTAIGNE, *Id.*

la souffrance physique qui est le signe d'une désorganisation partielle ou totale de l'organisme. On ne s'habitue pas à la douleur aiguë et le martyre du cancéreux s'accroît de jour en jour. C'est qu'ici l'adaptation manque à sa tâche et que la sensation douloureuse traduit l'effort impuissant d'une nature qui se désagrège. Dans les autres cas, l'accommodation se fait, la vie triomphe et la sensation, émoussée par l'habitude, garde juste ce qu'il lui faut d'énergie pour assurer le fonctionnement normal des organes, assouplis et remontés.

Le sentiment, lui aussi, s'affaiblit avec le temps. « La continuité dégoûte en tout » (1). Tout nouveau, tout beau. Le premier sentiment qui fait explosion est profondément ressenti, et la jeunesse, pour qui tout est neuf, a des joies et des chagrins, des désirs et des regrets, d'une vivacité qui étonne le vieillard. Mais les mélodies les plus prenantes finissent en rengaînes d'orgue de barbarie, et les lacs de Suisse ennuient à mourir les touristes blasés. « Celui qui trouve un plaisir dans le vice et de la peine dans la vertu est encore novice dans l'un et dans l'autre », dit un proverbe chinois. L'évolution du sentiment suit une courbe ascendante et descendante. Une grande douleur n'est pas immédiatement sentie.

(1) PASCAL.

Il faut un certain temps pour *réaliser* une épreuve dans tous ses détails : c'est alors que la souffrance atteint son paroxysme. Puis, peu à peu, la courbe redescend et

« Sur les ailes du temps la tristesse s'envole. »

Ce qui repose uniquement sur le sentiment est donc fragile et les purs sentimentaux sont gens inconstants et souvent incapables. Voilà pourquoi les auteurs spirituels mettent continuellement en garde contre la piété trop *affective* et considèrent le *don des larmes* comme de tous le moins précieux. (1)

La tendance à l'inconscience s'accentue dans les habitudes intellectuelles et volontaires. Celui qui écrit couramment ne pense ni aux lettres qu'il forme, ni aux muscles qu'il actionne. La phrase se couche d'elle-même sur le papier et les mots se tracent comme par enchantement. Tous les actes de la vie quotidienne : marcher, parler, ouvrir sa porte, remonter sa montre, se font sans qu'on sache comment. Il suffit de déclancher un geste pour que d'autres suivent, parfois très malencontreusement. William James (2) cite des gens qui, allant dans leur chambre

---

(1) Nous verrons plus loin (p. 64) comment, tout en affaiblissant la sensation et le sentiment, l'habitude peut développer *la faculté* de sentir.

(2) *Ouvrage cité*, p. 180.

s'habiller pour le dîner, enlevèrent un à un leurs vêtements et se mirent au lit. Le fait raconté par Érasme Darwin est classique : « Une actrice répétait sa partie de chant en s'accompagnant au piano, sous les yeux de son maître, avec beaucoup de goût et de délicatesse; j'aperçus sur sa figure une émotion dont je ne pus définir la cause; à la fin, elle fondit en larmes. Je vis alors que, pendant tout le temps qu'elle avait chanté, elle avait contemplé son serin qu'elle aimait beaucoup, qui paraissait souffrir et qui, dans ce moment, tomba mort dans sa cage. » Le meilleur moyen de renverser un plateau, de se tromper dans une récitation, de faire un faux pas dans un salon, c'est de *faire attention,* c'est-à-dire de vouloir rendre conscients des *automatismes autonomes.* L'inconscience, d'ailleurs, n'est sans doute qu'une moindre conscience. En tout cas, la volonté peut à son gré rendre conscientes les routines les plus invétérées, tandis qu'elle est sans prise directe sur une sensation usée et sur un sentiment émoussé.

Spencer (1) explique qu'il y a antagonisme entre la conscience et l'automatisme. « Pour sentir, il faut que l'état de conscience ait une *durée.* Rien ne peut être senti en un instant. Quand une série de changements psychiques se produit en

_____

(1) *Ouvrage cité,* t. Ier, p. 516.

un instant (c'est le cas des mouvements habituels), on ne sent pas les divers états qui forment les antécédents et les conséquents des changements; et plus la consolidation d'une série de changements est poussée loin, plus l'absence du sentiment doit être complète. » Il n'en faut pas conclure, avec certains physiologistes, que les mouvements habituels, quels qu'ils soient, sont simplement mécaniques et organiques. Ils restent en connexion intime avec la conscience, qui les pénètre à volonté pour les diriger, les ralentir ou les arrêter. « Nous croyons donc trop simpliste la représentation qu'on se fait généralement de la mécanisation par habitude. Cette mécanisation ne consiste pas en une transformation complète du mental en physique, le mental subsiste même dans les sensations et les mouvements mécanisés; il reste toujours quelque chose de psychique dans ce qui le fut dès l'abord (1). » Nous verrons d'ailleurs que si, pour les habitudes musculaires, l'on peut se servir de termes métaphoriques comme mécanisme et automatisme, ces mots n'ont plus aucune signification quand il s'agit d'habitudes proprement intellectuelles, où la vie fermente et tend à des synthèses toujours plus riches et mieux coordonnées.

(1) DWELSHAUVERS, *La synthèse mentale*, p. 60.

**IV. — *L'habitude tend à accroître le pouvoir synthétique de la conscience.* — Si l'homme était réduit à une pure sensation ou à un mouvement uniforme, il tomberait dans l'inconscience ou dans l'automatisme. Mais l'habitude passive et l'habitude active ne sont pas, dans la réalité, aussi délimitées que dans une classification scientifique. Elles sont, à doses inégales, intimement combinées, et toute sensation est doublée de mouvement, comme tout mouvement est imbibé de conscience. Les organes sensibles mettent en jeu les organes moteurs; ceux-ci réagissent à leur tour, et, se perfectionnant par un exercice répété, rendent bientôt aux autres avec usure ce qu'ils en avaient reçu. La sensation renouvelée s'émousse, mais le mouvement empêche l'organe de s'immobiliser sur un point fixe qui serait sa mort : l'apport continu d'impressions fraîches et multiples sollicite son activité. De son côté, usée dans une direction et avide de nouveauté, la sensibilité arrache le mouvement à son cercle monotone et l'entraîne à d'autres jeux. C'est dans cette interaction de la sensation et du mouvement que s'élabore la connaissance. À mesure qu'ils s'adaptent aux diverses excitations, les organes moteurs ordonnent et précisent leurs mouvements. Il en résulte, dans la masse informe des sensations, des différenciations d'autant plus nettes qu'elles sont liées à des mouvements de plus en plus distincts et autonomes. La diversité et le nombre donnent naissance à des rapports que *la conscience n'a plus qu'à synthétiser : c'est la *perception* qui est d'autant plus chaude et plus nuancée que l'apport sensible est plus riche et la puissance synthétique mieux développée par l'exercice. L'aveugle, dont les doigts sont les yeux, acquiert un toucher d'une finesse exquise et d'une intelligence remarquable, en multipliant les sensations tactiles et en les synthétisant de mieux en mieux. L'éducation des sens a pour but d'accroître, par l'habitude, leur puissance et leur acuité. A force de chasser, le sauvage *sent* sa proie et la suit à la piste. Un dégustateur de profession qui mâche un vin en reconnaît le cru et l'année. La première audition d'un opéra de Wagner laisse une impression bruyante et confuse. La seconde est plus claire. Finalement, l'oreille s'accoutume, discerne, comprend et admire. Exercé à fouiller l'horizon, l'œil du marin découvre au large des navires et des récifs inaperçus des voyageurs. Ainsi l'habitude perfectionne les sens en les rendant de plus en plus aptes à apprécier des *différences*. Elle les développe et les affine dans la mesure où elle leur fait résoudre en une synthèse unique des sensations multiples. Si, ainsi qu'il a été dit, elle émousse la sensation, en enrichissant la perception elle approvisionne la sensibilité de nouvelles impressions, et lui rend plus et mieux qu'elle ne lui a fait perdre. Mais, dans le va-et-vient des sens à la conscience et de la conscience aux sens, il y a *décroissance progressive du passif* et *croissance proportionnelle de l'actif;* le moi s'affirme de plus en plus en face du non-moi, et, en disciplinant son corps, domine la nature et l'utilise. L'appétit rationnel pénètre l'appétit sensitif et l'intellectualise. La sensation est émoussée au profit du plaisir intellectuel, dont les bornes sont celles mêmes de l'esprit qui en est la source. Voilà pourquoi il n'est pas paradoxal de soutenir que, en même temps qu'elle affaiblit la sensation, l'habitude accroît *la faculté de sentir,* c'est-à-dire le pouvoir de discerner des différences et des oppositions qui deviennent l'occasion de nouvelles sensations, de plus en plus pétries de connaissance. Le discernement et la synthèse exigent le multiple, sinon c'est le travail en rond, la routine (1), l'idée fixe, la monomanie. Le mouvement uniforme aboutit à l'automatisme et la sensation pure à l'inconscience : reprise du non-moi sur le moi, du passif sur l'actif, de la matière sur l'esprit. Quand, par paresse ou

(1) La routine est une *adaptation terminée,* et devenue passive et mécanique. D'où la nécessité de développer les habitudes de curiosité et d'initiative, qui seules peuvent assurer à l'intelligence et à la volonté un progrès indéfini.

inertie, fatigue ou vieillesse, les sens n'enregistrent plus et l'imagination rumine, la conscience désœuvrée s'endort et laisse se refermer sur elle le filet qu'elle avait peu à peu tendu sur le monde extérieur.

A mesure que s'élargit le champ de la conscience, le pouvoir d'unification de l'habitude apparaît plus actif et plus entreprenant. La perception au début diffère à peine de la sensation : c'est une *sensation connue*. Mais elle dépasse rapidement ce stade primitif, et la perception, en apparence la plus simple, se révèle bientôt comme le résultat de plus en plus compliqué de multiples sensations, perceptions, images, idées, combinées et synthétisées par l'habitude, qui débordent l'impression actuelle, l'assimilent, la taillent à leur mesure et la plient à leur propre mode d'organisation. Quand le nouveau-né ouvre les yeux, il doit avoir tout juste une sensation de luminosité, puis des sensations de couleurs : c'est l'impression brute, sans aucun élément imaginatif ni intellectuel surajouté. Plusieurs années après, le même enfant ouvre un livre : le noir et le blanc des pages sont nettement différenciés et cependant la sensation de couleur est à peine retenue par lui. Ce qui frappe maintenant ses regards, c'est la forme des caractères. Il ne distingue plus confusément l'encre et le papier : il reconnaît les lettres, il leur donne à chacune un nom, il les prononce et les écrit. Ceux qui ont suivi de près ce jeune écolier depuis sa naissance, ont pu se rendre compte des expériences innombrables qu'il a fallues pour que, de ses premières sensations tactiles, visuelles, auditives, non débrouillées, isolées et inintelligibles, il s'élève à la perception immédiate d'une lettre de l'alphabet, de sa forme et de son nom, par la simple sensation d'un noir sur blanc. Dans ce travail de longue haleine, où chaque organe, par de multiples impressions, s'est développé et a acquis une finesse et une perfection toujours plus accentuées, on retrouve l'influence de l'habitude qui adapte les mouvements, les rend plus prompts et plus précis. Mais, à ces habitudes particulières des organes et des sens, se superpose de toute nécessité une puissance synthétique, « un centre unique qui reçoit, combine, transforme, échange leurs produits répétés les uns dans les autres, et qui, réagissant ensuite avec la somme de ces déterminations acquises, sur l'un quelconque de ces produits simples, modifie puissamment sa forme originelle, la complète, la rectifie, la dénature, et lui réunit toujours quelques accessoires qui lui sont étrangers. On sent, en un mot, que les habitudes de l'imagination doivent concourir avec celles des sens, qu'elles rentrent sans cesse les unes a ns les autres, et qu'on ne peut isoler leurs effets (1). » Et qu'on ne dise pas qu'il y a là tout simplement accroissement par le dehors, juxtaposition d'éléments hétérogènes qui se succèdent si rapidement par l'habitude (phénomène purement mécanique) qu'ils paraissent confondus : jamais la *succession* n'a engendré la *simultanéité*. Or, ce qu'il y a de remarquable dans la conscience, ce qui la caractérise essentiellement, c'est sa vivante unité, au sein de la multiplicité qu'elle pénètre et organise selon sa forme en ses moindres replis. Des sons successifs ne sont jamais que des sons : pour composer une mélodie, il faut qu'ils se fondent en une unité organique. C'est le rôle de l'habitude d'adapter entre eux les mouvements, de les synthétiser et de les préparer à entrer dans une synthèse plus haute. Le progrès de la vie de l'esprit n'est que le passage d'habitudes inférieures à des habitudes supérieures.

Grâce à l'*expérience,* qui est une accumulation d'habitudes sensibles, imaginatives et intellectuelles, l'homme développe son *jugement,* dont il est toujours fier et dont il ne se plaint jamais, (2), parce qu'il exprime ce qu'il y a en lui de plus intime et de plus personnel. La plupart de nos jugements reposent sur des indices, sur des signes à peine perceptibles, auxquels, instantanément,

(1) MAINE DE BIRAN, p. 100.
(2) LA ROCHEFOUCAULD.

nous appliquons nos formes, nos habitudes sensibles, imaginatives et intellectuélles. Voilà pourquoi chacun juge à sa manière, qu'il croit toujours la bonne, et qu'il est enclin à traiter d'esprit faux le voisin qui pense autrement. Un grand nombre de nos préjugés et de nos illusions proviennent de l'angle étroit et personnel sous lequel nous sommes accoutumés à regarder les choses.

Les erreurs des sens sont avant tout des erreurs de jugement dont l'habitude est responsable. Lorsqu'un enfant croque une pomme en carton, il ne doit s'en prendre qu'à lui-même d'avoir conclu trop vite que tout ce qui est rond et rouge est bon à manger. On surprend là ce besoin qu'a l'habitude de généraliser et de synthétiser coûte que coûte, qui ouvre le cercle de l'erreur avec celui de la connaissance. Si l'on suit l'évolution de la conscience depuis la perception simple jusqu'aux plus hautes opérations de la volonté et de la raison, on retrouve partout cette force invisible mais réelle qui, en agissant, tend à se développer dans une direction unique et à entraîner dans son orbite les forces inférieures qui se meuvent sous elle.

L'écolier qui sait distinguer A de B, *compare* deux perceptions et les *juge* différentes. L'habitude, qui lui a appris à différencier les lettres, va lui enseigner à en faire une synthèse supé-

rieure et à former les *mots*. Et quand il lira, ni
la sensation de noir sur blanc, ni la perception
simple des lettres ne fixeront plus sa conscience :
il verra, d'une seule intuition, chaque mot se
détacher comme un être complet et autonome.
Mais les mots n'ont de valeur que s'ils entrent
dans une synthèse plus compréhensive qui s'appelle la *proposition*. Accoutumé aux mots, à leur
forme et à leur résonnance, l'élève en cherchera
le sens et comparera non plus les lettres aux
lettres, les mots aux mots, mais le *sens* de l'un
avec celui de l'autre. Une nouvelle synthèse
naîtra, qui lui découvrira l'*idée*. Plus tard,
familiarisé avec les phrases, il les synthétisera
entre elles, il liera en un seul faisceau tous les
chapitres de l'ouvrage et, comme dans une vision
instantanée, il saisira la *pensée* de l'auteur.
Quel chemin parcouru depuis le jour où, petit
enfant, les pages du livre lui apparaissaient
comme une masse plus ou moins lumineuse et
confuse ! Aujourd'hui, grâce aux habitudes sensitives, imaginatives et intellectuelles formées
par l'expérience et l'éducation, cet amas de noir
sur blanc lui ouvre un monde, le monde de la
pensée, infiniment plus riche que le monde sensible sur lequel il posa son premier regard.

Si les habitudes innombrables de la sensibilité et de l'imagination, au lieu d'être laissées à
elles-mêmes, sont utilisées et *informées* par des

habitudes intellectuelles et volontaires, la synthèse de la conscience s'amplifiera en même temps que sa cohésion s'affirmera dans une unité toujours plus indépendante et plus autoritaire. L'homme ne fait pas que de découvrir le monde : il le traduit à sa façon au moyen de son intelligence et de sa volonté. On pourrait presque dire qu'il le recrée, qu'il le réorganise. Est-ce véritablement le même univers que l'univers du paysan, celui de l'artiste, celui du soldat, celui du casseur de pierres, celui du philosophe, celui du négociant, celui du prêtre? D'où vient que des êtres organisés sur le même modèle, ayant organes, muscles, nerfs de la même espèce, possédant semblable imagination, volonté, raison, en viennent à être si différents au point qu'on pourrait les croire totalement étrangers les uns aux autres? Tout simplement que le *moi*, loin d'être un *épiphénomène*, une sorte de spectateur qui se lève pour voir jouer la pièce, se trouve être à la fois et le metteur en scène, et l'acteur du spectacle intérieur qui fait converger autour de soi et dirige les rôles secondaires. Les habitudes ne se soudent pas les unes aux autres comme les anneaux d'une chaîne. La vie de l'esprit, pas plus que la vie sociale, n'est égalité et juxtaposition, mais hiérarchie et harmonie : par intérêt ou sympathie ou simple volonté, dans l'unité de la conscience, les phénomènes psychologiques se constituent en corps organisés, distincts et autonomes, qui cherchent à se développer chacun pour soi. Autour d'un centre d'attraction, qui est une habitude affective ou volontaire ou intellectuelle (1), évolue un système psychique qui tend à entraîner dans son orbite toutes les forces vives de la conscience. C'est pendant l'enfance et la jeunesse que s'élabore et se dresse la carte de notre royaume intérieur. Dans le réseau si compliqué des faits de conscience ne tardent pas à se dessiner avec des traits de plus en plus caractérisés et accentués des organisations et des finalités. Sans dissocier le moi, sous sa direction et son contrôle, — à part certains cas qui relèvent de la pathologie (2), — surgissent peu à peu des groupes d'habitudes d'une vie si intense que chacun d'eux tente de mordre sur le voisin, de le détruire ou de l'assimiler. L'homme est le théâtre de luttes souvent homériques entre ses propres systématisations. Le besoin d'unité est tel que l'équilibre entre divers antagonismes ne peut être longtemps maintenu, « nul ne pouvant servir deux maîtres ». Le mieux organisé l'emporte et, malgré le retour offensif d'adver-

---

(1) C'est-à-dire où *dominent* les éléments affectifs ou volontaires ou intellectuels, toute habitude étant plus ou moins imbibée de sensibilité, de volonté et de raison.

(2) Ribot, *Maladies de la personnalité.*

saires qui ne se tiennent jamais pour battus,
il fera définitivement la loi s'il sait rester le plus
fort. La supériorité de l'homme sur l'animal vient
qu'il porte en soi un pouvoir immanent, la volonté, force d'*arrêt* et d'*impulsion*, capable
d'intervenir à tout instant et de décider de la
bataille. Mais la *liberté*, elle non plus, n'est pas
indifférente : tributaire de l'habitude, son intervention n'a des chances de succès que si, par
l'emploi répété de sa puissance, elle s'est apprise
à l'exercer et à l'imposer. Faire l'unité au sein
du multiple, telle est la loi essentielle de l'habitude. Plus la synthèse est à la fois ample et cen-
tralisée, mieux elle répond à ses fins. Au besoin,
elle transforme le réel pour le faire entrer dans
son moule. *Prius vivere*, et la synthèse est la
vie de la conscience. Comme elle ne prétend pas
embrasser la réalité tout entière, elle taille
dedans des morceaux qu'elle recoud à sa façon
et sur lesquels elle projette sa propre lumière,
c'est-à-dire sa manière habituelle de penser et
de sentir. L'homme le plus homme est celui
qui tend à faire la cohésion organique de
tous les faits psychologiques qui se multiplient dans sa conscience autour de l'idée la
plus *humaine*, entendez la plus raisonnable.
Le savant fait l'unité autour du *Vrai*, l'artiste
autour du *Beau*, le saint autour du *Bien*. Le
génie, qui est une vigoureuse spontanéité disci-

plinée par « une longue patience », le génie complet serait celui qui synthétiserait en une parfaite harmonie la vertu, la science et l'art. Ce n'est, hélas ! qu'un cas idéal et l'homme doit sans cesse se mettre en garde contre le danger de systématiser selon une formule incomplète et rigide, adoptée une fois pour toutes, dont il fait la norme infaillible de la vérité, du goût, de la vertu et des convenances : péché mignon de certains savants et philosophes qui résistent difficilement à la tentation de plier la nature aux exigences de leurs hypothèses, toujours courtes par quelque endroit, et de rejeter sans examen attentif ni bienveillant les théories qui y contredisent. Ne rappellent-ils pas un peu ces oiseaux de la fable — la perruche, le cardinal et le serin — qui se disputaient sur la couleur de l'habit d'Arlequin, l'une le prétendant vert, l'autre rouge et le troisième jaune?

> Amis, apaisez-vous, leur dit un bon pivert,
>   L'habit est jaune, rouge et vert.
> Cela vous surprend fort, voici tout le mystère :
> Ainsi que bien des gens d'esprit et de savoir
> Mais qui d'un seul côté regardent une affaire,
>   Chacun de vous ne veut y voir
>   Que la couleur qui sait lui plaire (1).

(1) FLORIAN, *Fables : L'Habit d'arlequin.*

En résumé, les lois de l'habitude peuvent se ramener à quatre :

1° *L'habitude modifie les tissus et les organes.*

2° *Elle développe les tendances et les entraîne à fonctionner de plus en plus et de mieux en mieux.*

8° *Elle tend à l'inconscience.*

4° *Elle tend à accroître le pouvoir synthétique de la conscience.*

CHAPITRE III

Domaine de l'habitude.

I. — *L'habitude et le corps*. — L'habitude n'étant que le perfectionnement d'une activité se trouve avoir un domaine indéfiniment étendu, comme celui de la vie. Il n'est pas une opération vitale, pas une fonction organique, sensible, intellectuelle et volontaire, qui ne relève d'elle de quelque façon. Nous avons déjà indiqué la présence de l'habitude dans les moindres manifestations vitales des végétaux, dans le fonctionnement des organes de nutrition, de respiration, de circulation de l'animal et de l'homme : l'acclimatation, la médecine, l'hygiène, sont basées sur l'observation des faits constants aptes à modifier ou à redresser des habitudes. Les muscles et les nerfs sont les meilleurs hôtes de l'habitude. Il semble même à certains — à tort, nos analyses l'ont prouvé — que les habitudes musculaires et nerveuses rendent suffisamment compte de tous les phénomènes d'habitude. Ce sont, en tout cas, les plus communes et, partant, les plus remarquées.

II. — *L'habitude et la sensibilité.* — L'habitude pénètre la sensibilité et finit par l'accaparer tout entière. Nos yeux, nos oreilles, notre nez, notre palais, nos mains, ont leur manière à eux de voir, d'entendre, de sentir, de goûter, de toucher. Un homme ne se reconnaît pas mieux à sa physionomie qu'à ses gestes et à ses attitudes. C'est ce qui permet, après des années de séparation, de le retrouver *toujours le même.* Or, ses gestes et ses attitudes sont l'expression de son tempérament, c'est-à-dire de ses habitudes affectives : il est gai ou triste, rieur ou larmoyant, colère ou placide, tranquille ou agité, maniaque ou bonhomme. Sans doute, il se peut que l'on ait hérité des penchants plus ou moins prononcés pour telle ou telle façon de sentir, mais l'habitude les développe et les fortifie. C'est ainsi que l'on rencontre des gens qui ont la manie de geindre sur les malheurs des temps, ou d'éclater de rire à tout bout de champ, ou de sentir toujours autrement que les autres, par esprit de contradiction. Le triomphe d'un acteur c'est de si bien *répéter* son rôle qu'il arrive à se mettre dans la peau de son personnage, à adapter ses sentiments aux siens et à *jouer sincèrement.* Un orateur, devenu maître de sa sensibilité par l'exercice, ne manque jamais dans son discours, dût-il le répéter cent fois, de s'émouvoir et au besoin de verser une larme aux tournants pathétiques.

La culture de la sensibilité est d'autant plus importante dans l'éducation qu'elle est la source des *passions*, qui diffèrent de *l'émotion* par ce besoin impulsif et périodique qui les pousse à se déclancher à la moindre occasion, et qui a été déjà signalé comme une loi de l'habitude. Greffée sur une inclination ou sur un instinct — l'amour, la haine, la colère, la peur, la honte, l'orgueil, la sensualité, etc., — la passion satisfaite et livrée à elle-même s'accroît indéfiniment et tend, comme l'habitude intellectuelle, à monopoliser toutes les activités de l'organisme physiologique et psychologique. Mais ici, il y a renversement des valeurs, la sensibilité s'imposant à l'intelligence et à la volonté. C'est « la loi des membres » qui gouverne et la raison qui devient esclave. Le système d'habitudes le plus fort, assimilant les autres, fait peser une tyrannie chaque jour plus lourde et plus inexorable sur le corps et sur l'âme. « La passion que l'on sert se tourne en habitude et l'habitude acceptée en nécessité. Vaincre une habitude, c'est un dur combat. Tu vois combien mal tu agis, combien odieusement, combien malheureusement, et tu le fais quand même; tu l'as fait hier, tu le feras aujourd'hui (1). » Chacun sait jusqu'où peut conduire la passion du jeu, celle du petit verre, des collections, etc... Elles finissent

(1) Saint Augustin, *Confessions*, liv. VIII, chap. v; IIIe Discours sur le Ps. xxx.

par *prendre* l'individu tout entier et l'entraînent à *des* folies, en attendant de le conduire à *la* folie et au suicide, quand ses habitudes passionnelles, où il a mis sa raison de vivre, ne trouvent plus à se satisfaire.

Ainsi donc, il n'est pas exact d'opposer l'habitude et la sensibilité et de dire comme un héros de roman : « Il y a deux manières d'agir, par amour et par habitude. Ce que vous recommencez habituellement, c'est-à-dire sans distinguer l'action nouvelle de celle qui l'a précédée, vous vous y prêtez en machine, omettant de prendre conscience de vous. Il est toujours malséant de traiter de la sorte les phénomènes qui sont en soi d'activité supérieure. Nous devons nous donner amoureusement à tous les actes où notre personnalité apparaît, et nous laisser aller par habitude à tout ce qui est impersonnel en nous : la science du bonheur est de faire le plus de choses possible par amour (1). » Sans doute, nous l'avons marqué dans les lois de l'habitude, la répétition émousse la sensation, mais l'habitude développe la faculté de sentir. Elle n'est donc pas opposée à l'amour, elle en est au contraire le soutien et le régulateur, parfois, comme dans la passion, le stimulateur : témoin la charité des saints et la curiosité passionnée des

____

(1) BRICON, *Les anxiétés de Thérèse Lesieure.*

savants. En d'autres termes, en affaiblissant la sensation et en affinant le sentiment, l'habitude se révèle comme un instrument de progrès et de perfection, sous la réserve que les habitudes inférieures gardent leur rang et n'aillent pas détrôner les habitudes supérieures de la raison et de la volonté. Aussi Épicure remarquait-il qu'il ne saurait être fixé de limite à l'extension ni à la vivacité du sentiment. Qui pourrait assigner un point d'arrêt à l'amour de la beauté chez l'artiste, à l'amour de Dieu chez le mystique?

La sensibilité de l'enfant, si neuve et si malléable, est la plus susceptible d'éducation. A vrai dire, la formation de son caractère et de sa personnalité dépend pour une grande part des sentiments que ses éducateurs sauront développer en lui. S'il est avéré que, dès les premiers mois, l'enfant contracte des habitudes, des manières à lui de sentir et de réagir, peut-être se conduirait-on d'une manière moins inconsidérée en ne le confiant pas à n'importe qui et en ne traitant pas à la légère ses joies et ses chagrins. « Tout notre avenir, remarque Ed. Rod, dépend de notre enfance; la vie conserve toujours pour nous la couleur qu'elle a prise pendant les premières années, et les enfants qui ont souffert avant l'âge de la douleur, à quelque classe qu'ils appartiennent, seront à jamais des malheureux. » On pourrait ajouter avec une égale vérité que les enfants, à qui on passe toutes leurs fantaisies et qu'on n'ose pas corriger, seront à jamais des *enfants gâtés*. Une juste mesure de bonté et de tendresse d'une part, d'autorité et de sévérité d'autre part, s'impose, pour façonner *leur cœur* qui gardera pour le restant de ses jours l'empreinte dont il aura été marqué. Le *naturel* est le complexus des habitudes de la sensibilité : c'est le fond le plus stable et le plus tenace de la personnalité et du caractère.

III. — *L'habitude et l'intelligence.* — « Le bon sens est la chose du monde la mieux partagée. La puissance de bien juger et distinguer le vrai d'avec le faux, qui est proprement ce qu'on nomme la raison, est naturellement égale en tous les hommes; et ainsi la diversité de nos opinions ne vient pas de ce que les uns sont plus raisonnables que les autres, mais seulement de ce que nous conduisons nos pensées par diverses voies et ne considérons pas les mêmes choses. Car ce n'est pas assez d'avoir l'esprit bon, mais le principal est de l'appliquer bien (1). »

Descartes pousse l'optimisme un peu loin en attribuant à tous les hommes une même dose d'esprit, mais il n'en reste pas moins que notre

____

(1) DESCARTES, *Discours de la Méthode*, I.

faculté de penser est pétrie d'habitudes qui *infor-
ment,* pour la plus grosse part, nos opérations
intellectuelles. Nous avons indiqué plus haut
quelle place tient l'habitude dans la *perception*
et comment sur une sensation brute elle applique
des cadres tout préparés qui l'enrichissent et
la transforment en une représentation personnelle et originale, différente de celle du voisin,
quoique suggérée par la même impression. Dans
la *perception acquise,* l'intervention de l'habitude est encore plus visible : une sensation devient un symbole qui prend une signification
de plus en plus extensive, selon les cas. Ainsi,
un son, en lui-même, est un son et rien qu'un
son. Et cependant, grâce à l'expérience, je dis
immédiatement : on tire le canon, un tramway
passe dans l'avenue, les collégiens jouent au
ballon. La nature, comme le dit Reid, est avare
de ses dons et ne fera pas la dépense d'un
instinct pour nous procurer une connaissance
que l'expérience et l'habitude peuvent nous
acquérir sans lui. « Ainsi, conclut W. James,
ma perception actuelle de mon bureau est tout
entière faite d'attributs actuellement sentis,
et d'attributs autrefois sentis et maintenant
reproduits, et composés avec les autres dans
l'unité d'un *objet* portant un nom. Il faut aux
enfants une longue éducation des yeux et des
oreilles avant qu'ils puissent percevoir les réa-

lités que perçoivent les adultes (1). » Toute perception est une perception acquise et toute perception acquise est une perception habituelle.

L'*association des idées*, qui tient une si grande place dans la psychologie moderne, relève-t-elle de l'habitude? Certains prétendent que non, d'autres, les associationnistes par exemple, affirment que l'association s'explique par la loi de contiguïté, qui n'est elle-même qu'un cas de la loi d'habitude. S'il est impossible de ramener purement et simplement l'association à l'habitude, principalement quand il s'agit d'associations par *contraste* et par *ressemblance*, irréductibles à la *contiguïté*, et d'associations *nouvelles* qui surgissent à tout propos et en dehors de toute espèce d'habitude antérieure, il n'est pas douteux que l'habitude intervient dans le jeu des associations. Si l'on n'y prend garde, on associe toujours de la même manière, on tourne dans le même cercle d'images, de comparaisons, de métaphores. Un écrivain ou un orateur, qui ne veille pas à renouveler son imagination, fatigue son public en lui servant sans cesse les mêmes clichés. Le faiseur de calembours éprouve un vrai besoin d'associer des sons et de faire part de ses trouvailles. Et la plupart des asso-

(1) *Ouv. cité*, p. 413.

ciations sont inconscientes et se font à notre
insu : ceux qui font des coq-à-l'âne sont les derniers à s'en apercevoir. Or besoin et automatisme
sont bien deux caractéristiques de l'habitude.
De plus, on peut supposer à la base des associations habituelles des habitudes nerveuses qui
facilitent le retour des mêmes associations.
Mais là s'arrête l'influence directe de l'habitude :
elle *ne fait pas* l'association, elle la *répète*. En
outre, comme elle développe nos instincts et
nos tendances affectives et intellectuelles en
leur imprimant une certaine direction, et que la
plupart de nos associations sont fonction de
notre tempérament, de notre caractère, de nos
goûts, de notre âge, de notre métier, etc...,
l'habitude rend compte en partie des *systèmes
d'associations* qui différencient les individus et
donnent à chacun sa physionomie intellectuelle
et morale.

La mémoire (1) est à la fois plus et moins que
l'habitude : ces deux fonctions se prêtent mutuel
appui. Toutes deux *conservent*, mais dans un but
différent. On pourrait dire avec Bergson (2),
— tout en faisant des réserves sur la rigidité de
cette classification, — que la mémoire est une
représentation et une représentation seulement

(1) Cfr., p. 37.
(2) *Matière et Mémoire*, pp. 77 et 104.

et que l'habitude est une action; la première enregistre sous forme d'images-souvenirs, la seconde sous forme d'images-mouvements. Mais l'une ne peut fonctionner sans l'autre et réciproquement. « D'un côté, la mémoire du passé présente aux mécanismes sensori-moteurs tous les souvenirs capables de les guider dans leur tâche et de diriger la réaction motrice dans le sens suggéré par les leçons de l'expérience. Mais d'autre part, les appareils sensori-moteurs fournissent aux souvenirs impuissants, c'est-à-dire inconscients, le moyen de prendre un corps, de se matérialiser, enfin de devenir présents. Il faut, en effet, pour qu'un souvenir reparaisse à la conscience, qu'il descende des hauteurs de la mémoire pure jusqu'au point précis où s'accomplit l'*action*. C'est à la précision avec laquelle ces deux mémoires complémentaires s'insèrent l'une dans l'autre que nous reconnaissons les esprits *bien équilibrés*, c'est-à-dire, au fond, les hommes parfaitement adaptés à la vie. » Fouillée (1) va jusqu'à voir dans le phénomène de la *reconnaissance* un fait d'habitude, à laquelle il ramène toute la mémoire. « Les Anglais appellent quelquefois la reconnaissance le *sentiment de familiarité*. Or, le connu, le familier, c'est ordinairement l'habituel. La familiarité, c'est d'abord

(1) *Psychologie des Idées-Forces*, t. 1ᵉʳ, p. 211.

la *facilité* de représentation, une diminution de résistance et d'effort. Cette diminution supprime le *choc* intérieur, la transition brusque, le sentiment de la *surprise* dont parle Bain. Notre activité se sent couler dans un lit tout fait; l'image présente se trouve remplir une sorte de vide intérieur dont nous avions le sentiment. C'est l'habitude, tantôt à l'état naissant, tantôt plus ou moins complète, qui se révèle à elle-même dans la conscience par un sentiment spécial, et ce sentiment spécial fait le fond de la reconnaissance. D'autre part, l'habitude est une *adaptation au milieu*; c'est l'adaptation de la puissance à la résistance, de l'activité à son objet. *Reconnaître,* c'est donc avoir conscience d'agir avec une moindre résistance. »

La plupart de nos *idées* sont des *habitudes intellectuelles.* Ce qu'on appelle une *idée empirique* n'est autre chose qu'un système de connaissances, synthétisées par l'habitude. Chacun a ses idées à soi et souvent l'idée la plus générale diffère d'individu à individu. Ainsi, l'idée d'homme n'est pas la même pour un naturaliste et pour un terrien, pour un métaphysicien et pour un enfant. C'est que nos idées, qui nous apparaissent si simples, sont la résultante d'innombrables expériences qui ont pris naissance dans nos sensations et dans nos organes, dans nos muscles et dans nos nerfs, qui se sont développées dans notre sensibilité, notre intelligence et notre volonté et qui, groupées adaptées par l'habitude, ont formé à chacun d'entre nous des instruments personnels de pensée et d'action. Voilà pourquoi l'on peut dire, en un certain sens, qu'il n'y a pas *des idées,* mais *vos idées, ses idées, les miennes.* Rien n'est individuel comme une idée quand elle est non pas un plaquage extérieur, un psittacisme intellectuel, mais le fruit d'un arbre qui plonge ses racines dans le corps et dans l'esprit. Elle est faite de toutes nos habitudes physiologiques, sensitives, volontaires et intellectuelles, car l'âme est tout entière présente dans chacune de ses opérations et l'idée est bien l'endroit où l'âme affleure le plus. Aussi, si l'on a raison de dire que *la vérité* ne change pas, est *immuable* comme Dieu lui-même, il faut ajouter que *les idées,* par le côté où elles sont individuelles et personnelles, *varient* et *évoluent* comme l'homme même, dont elles ne sont que les habitudes de vivre, d'imaginer et de penser. Rien ne donne mieux l'impression de *l'élasticité* des idées comme le langage et les langues, qui arrivent si difficilement à exprimer ce que chacun veut faire entendre, et qui sont cause de discussions interminables parce qu'en effet, tout en usant des mêmes mots, l'on y emprisonne des idées différentes. Et la difficulté s'accroît encore quand il s'agit

d' « entrer dans les idées » d'un étranger, d'un
peuple de race différente ou d'un autre âge. Il
y a conflit non pas entre deux concepts imper-
sonnels, — comme seraient l'idée de triangle et
l'idée de cercle, — mais entre des habitudes de
vivre, de sentir, de vouloir, de comprendre,
enchevêtrées les unes dans les autres, au point
de faire corps. Au premier abord, *mon idée*
me paraît si claire, si universelle, si assimilable,
si transparente, que je pense n'avoir qu'à en
faire part pour qu'un chacun l'adopte. Il en sera
ainsi si elle s'adapte aux habitudes de ceux qui
m'écoutent; au cas contraire, elle sera rejetée
comme *indigeste, incompréhensible, non viable.*
L'ignorance invincible des théologiens est un cas
plus fréquent qu'on ne l'imagine, précisément
parce que l'*idée pure,* si vraie soit-elle, est im-
puissante à elle seule à remplacer *mon idée,* qui
est un complexus vivant d'habitudes physiques,
affectives, volitives et intellectuelles. La *croyance
religieuse, les conversions,* fournissent les preuves
palpables que l'homme tout entier est impliqué
dans chacune de ses idées. Aussi, le conseil de
Pascal (1) à l'incroyant est-il d'une psychologie
profonde : « Vous voulez aller à la foi et vous
n'en savez pas le chemin, vous voulez vous gué-
rir de l'infidélité : apprenez de ceux qui ont été

(1) *Pensées.*

liés comme vous. Suivez la manière par où ils
ont commencé : c'est en faisant tout comme s'ils
croyaient, en prenant de l'eau bénite, en faisant
dire des messes, etc...; naturellement, même cela
vous fera croire. Car il ne faut pas se mécon-
naître, nous sommes automate autant qu'esprit;
et de là vient que l'instrument par lequel la
persuasion se fait n'est pas la seule démonstra-
tion. Combien y a-t-il peu de choses démontrées !
Les preuves ne convainquent que l'esprit. La
coutume fait nos preuves les plus fortes et les
plus crues; elle incline l'automate, qui entraîne
l'esprit, sans qu'il y pense. Il faut avoir recours
à elle quand une fois l'esprit a vu où est la vérité,
afin de nous abreuver et nous teindre de cette
créance, qui nous échappe à toute heure; car
d'en avoir toujours les preuves présentes, c'est
trop d'affaire. Il faut acquérir une créance plus
facile, qui est celle de l'habitude, qui, sans violence, sans art, sans argument, nous fait croire
les choses, et incline toutes nos puissances à
cette croyance, en sorte que notre âme y tombe
naturellement. Quand on ne croit que par la
force de la conviction et que l'automate est
incliné à croire le contraire, ce n'est pas assez.
Il faut donc faire croire nos deux pièces : l'esprit,
par les raisons qu'il ne suffit d'avoir vues une
fois en sa vie; et l'automate, par la coutume, et
en ne lui permettant pas de s'incliner au con-

traire. La coutume est notre nature : qui s'accoutume à la foi, la croit. »

Si chacune de nos idées est une habitude personnelle, notre *mentalité* est un système personnel d'habitudes. Toute profession imprime sa marque sur celui qui l'exerce et lui donne une *tournure d'esprit* nettement caractérisée. Un marchand ne juge pas comme un soldat, un savant comme un poète, un philosophe comme un mathématicien, un prêtre comme un médecin. Les uns et les autres, dans leur partie, font preuve de *métier* et affirment leur maîtrise. Cette *spécialisation* peut s'exagérer et aboutir à une division du travail excessive qui fortifie un groupe d'habitudes au détriment des autres : tel l'ouvrier qui passe sa vie entière à perforer des boutons, l'artiste qui ne peint que des chats, le professeur qui rabâche chaque année le même cours. La *culture*, comme l'entendait l'honnête homme du grand siècle, était l'éducation rationnelle et harmonieuse des facultés : elle avait le souci de garder le juste milieu, qui est le point de perfection de l'habitude, indispensable au bon équilibre de l'intelligence. La force de systématisation de nos habitudes intellectuelles explique comment nous accueillons si favorablement les idées et les conseils qui concordent avec notre manière de voir; comment, pour le besoin de la cause et parfois inconsciemment, nous défigurons et interprétons les idées des autres pour les accorder avec les nôtres ou, au contraire, pour en démontrer l'incohérence. C'est un fait que la plupart des discussions sont inopérantes, l'un des adversaires n'entendant pas l'autre et lui faisant dire des choses qu'il n'a jamais dites ni pensées. Et très souvent la bonne foi n'est pas en cause. Chacun prétend *voir la vérité*, alors qu'il est certain que l'un des deux, sinon les deux, se trompe. Loin d'affaiblir l'idée, la discussion la renforce en obligeant l'esprit à considérer sa propre idée, à la répéter, à l'éclairer, à la vivifier, à la défendre comme la chair de sa chair. Entrer dans les idées des autres, « se faire tout à tous pour les gagner tous », est un art délicat et subtil où peu sont maîtres. La race, l'époque et le milieu déterminent, pour une grosse part, la forme et la teinte de nos idées. Les missionnaires savent le nombre de siècles qu'il faut pour adapter les populations païennes aux mœurs et à la mentalité chrétiennes. Encore, après de longs et pénibles efforts, ne sont-ils pas sûrs d'avoir réussi.

Ainsi, il est manifeste que nos idées sont informées par l'habitude. Par elle, notre pensée se développe et peut s'accroître indéfiniment. Si aujourd'hui elle s'exerce facilement, comme en se jouant, c'est qu'elle profite des efforts passés. Le langage, qui est son outil et qui est fait d'habitudes motrices et intellectuelles, après avoir été longtemps un instrument difficile à manier, n'a plus de secret pour elle. Peu à peu, l'habitude a comme soudé le mot et l'idée, et l'intervalle entre eux est si mince qu'on ne peut l'apprécier. Une fois en possession de la langue maternelle, grâce aux entraînements rapides des souvenirs, des associations, des idées, la conscience se meut à l'aise, choisit, organise, synthétise. C'est là la fonction de l'intelligence qui s'enrichit à cet exercice et se perfectionne. On *apprend à penser*, comme on apprend à marcher.

> Il est certains esprits dont les sombres pensées
> Sont d'un nuage épais toujours embarrassées;
> Le jour de la raison ne le saurait percer.
> Avant donc que d'écrire *apprenez à penser*.

En travaillant, la pensée s'épanouit et tend à se dépasser sans cesse. Elle fait éclater les moules du langage et crée des mots nouveaux. Une langue vivante est celle qui se renouvelle périodiquement, sous la poussée des idées neuves. Les néologismes sont l'expression d'habitudes nouvelles qui s'ajoutent ou se substituent aux anciennes.

Toutefois, si puissante que soit l'habitude, développée et fortifiée par l'éducation, l'imitation, l'hérédité, elle n'est pas plus créatrice dans l'ordre psychologique que dans l'ordre biologique et psychologique. Elle oriente et discipline, des tendances, elle ne les *cons-truit* pas de toutes pièces. Les phénoménistes, les sensualistes et les évolutionnistes, pour donner corps à leurs hypothèses, prétendent qu'en psychologie comme en biologie la *fonction crée l'organe*. Comme, entre l'animal et l'homme, ils n'admettent pas de *différence spécifique* qui creuserait un fossé infranchissable entre deux règnes, ils ne veulent voir dans les faits d'intelligence et de volonté, dans les principes premiers de la raison théorique et de la raison pratique, que des associations plus ou moins compliquées, fortifiées au cours des âges, rendues indissolubles par l'habitude et par l'hérédité. L'*abstraction*, le soi-disant boulevard inexpugnable de la raison, où elle élabore ses premiers principes, ne serait qu'une collection d'images individuelles groupées par l'habitude et étiquetées sous un nom.

Ce serait sortir des limites de cette étude que d'approfondir la nature de l'abstraction et de démontrer son caractère original et irréductible.

Il suffira de rappeler avec E. Peillaube (1) qu' « il est impossible que, grâce à une habitude et à un terme général, des images deviennent générales. Comment pourrait-on prendre l'ha-

(1) *Revue de philosophie*, L'Évolutionnisme et l'Intelligence humaine, sept. 1911, p. 267.

bitude d'appliquer un même signe verbal à des objets tout à la fois semblables et différents? Dans les objets tout est individuel et l'on ne peut extraire d'un tout que ses éléments. Pour obtenir les ressemblances, il faudrait recourir à un nouveau genre d'abstraction qui n'a rien de commun avec l'abstraction-dissociation, et qui consiste non plus à séparer une partie d'une autre partie, ou une qualité d'une autre qualité, mais à considérer un objet ou une qualité sans ses déterminations *particulières et individuelles*. Le nom abstrait et général n'est qu'un signe, un substitut; son pouvoir de signification et de substitution ne peut lui venir que des qualités abstraites et générales, c'est-à-dire des ressemblances communes. Une abstraction est donc nécessaire pour mettre à nu les ressemblances communes et la conception de ces ressemblances, l'aperception de l'identique est nécessaire pour créer le nom abstrait et général ». C'est bien la pensée de saint Thomas (1) : « La raison ne s'arrête pas à l'expérience des choses particulières : des nombreux objets particuliers qui lui ont fourni sa matière elle retient un élément commun; celui-ci se dépose et se fixe dans l'âme; la raison l'y considère sans plus faire attention aux objets particuliers d'où il provient, et elle l'érige ainsi

—

(1) *In II Anal.*, lect. 20.

en principes généraux soit d'ordre pratique, soit d'ordre spéculatif. » Ces principes premiers, l'habitude est incapable d'expliquer non seulement leur *genèse* mais encore leur *nécessité*. Nous avons assez marqué que l'habitude est avant tout choix et synthèse, donc *indétermination* et *liberté* (ce qui ne veut pas dire caprice et instabilité), pour avoir besoin d'insister sur l'*incompatibilité essentielle* de ces deux choses : habitude et nécessité. Plus un être se dégage de la nécessité, plus il est capable d'habitudes. La pierre ne s'habitue pas. L'homme, parce qu'il est le plus libre des êtres de la nature, est le plus riche en habitudes et dépasse infiniment, à ce point de vue, les animaux et les végétaux. Les principes premiers de l'ordre spéculatif et de l'ordre pratique sont des *vérités nécessaires* et les vérités nécessaires ne sauraient être le fruit de l'expérience ni de l'habitude. C'est tellement évident que l'initiateur du positivisme moderne, Hume (1), reconnaît en termes exprès le caractère de nécessité des théorèmes de géométrie et d'arithmétique. « Les propositions qui expriment des relations d'idées peuvent être le fruit de la simple opération de l'intelligence indépendamment de quoi que ce soit qui existe dans l'univers. » Quant au caractère *obligatoire* de

---

(1) Huxley, *Hume*, Londres, 1886, p. 117.

certaines lois absolues, comme le *devoir*, les évolutionnistes s'efforcent en vain de l'expliquer par une habitude invétérée, fixée dans la race, qui veut que, lorsque nous cherchons à opposer la force de notre intérêt individuel ou de notre passion passagère à cette sorte de puissance sociale qui réside en nous, nous éprouvions un sentiment de contrainte analogue à celle de l'individu qui lutte au dehors contre la société. Il se peut qu'une habitude impose une part de *déterminisme physique*, mais quel rapport y a-t-il là avec une *obligation morale?* Le fumeur a beau éprouver le besoin de fumer, il ne verra jamais là un impératif catégorique : bien au contraire, il en gémira peut-être comme d'une servitude. Le vicieux en cédant à ses passions marche sur sa conscience. Entre le déterminisme partiel de l'habitude et le dictamen de la conscience morale il y a toute la distance qui sépare le *droit* du *fait*. Fouillée (1) lui-même en fait l'aveu : « La doctrine de l'évolution remplace l'obligation morale du spiritualisme par une sorte d'obligation physique. Elle oublie les fondements métaphysiques de la science des mœurs. Par cela même, elle laisse la pensée et la volonté en face d'une antinomie non résolue. » Pas plus qu'elle ne crée la vie ni la sensation,

______

(1) *Critique des systèmes*, pp. 10 et 35.

l'habitude ne crée la pensée ni la conscience morale : elle ne fait que les adapter et les développer.

IV. — *L'habitude et la volonté.* — Les habitudes actives sont toutes plus ou moins choisies et donc volontaires. Mais il s'agit ici de savoir si la volonté, en tant que telle, est susceptible d'habitude.

V. Eger prétend que non (1). L'effort, d'après lui, ne reçoit rien de l'habitude, il n'est ni exalté ni déprimé par elle : on ne s'habitue pas à vouloir. Le domaine de l'habitude, c'est tout le domaine de l'image et rien d'autre. L'on devine, sous cette affirmation, un métaphysicien plutôt qu'un psychologue. Parti de cet *a priori* que les phénomènes de conscience forment une série, une chaîne, où les *faits nouveaux* s'appellent innovation ou effort, les *faits répétés* répétition ou habitude, Eger est bien obligé de ranger les faits volontaires parmi les faits nouveaux et de les exclure de la loi d'habitude. D'ailleurs, pour ce philosophe, *la volonté* est un mythe, et il a soin d'avertir que lorsqu'il parle de *puissances* et de *facultés* de l'âme, il emploie des termes commodes dont il n'est pas dupe.

(1) *Cours en Sorbonne,* 1900-1901 (*Revue des Cours et Conférences*).

La vérité est que la volonté est un pouvoir immanent, que rien ne détermine absolument à ceci ou cela, sinon le Bien en soi. Mais elle ne tient pas en équilibre sur la pointe d'une aiguille, comme une forme séparée et indifférente. Elle fait corps avec la sensibilité et la raison et, pour elle, se conquérir c'est ordonner les sens à l'intelligence et l'intelligence à Dieu. Dans cet exercice continu où elle choisit *le mieux* et *le plus*, de préférence au *moins bien* et au *moins*, en même temps qu'elle développe et fortifie les habitudes intellectuelles et leur donne la maîtrise sur les habitudes inférieures, la volonté se dégage de la matière et s'affirme elle-même : d'un mot, *elle prend l'habitude de vouloir*. Les passifs, les indécis, les abouliques, sont gens sans force pour enfanter, parce qu'ils ont laissé se dissocier dans l'inaction leur pouvoir d'*élection* et de *décision*. « La volonté, écrit très justement L. Dugas (1), ne se fonde qu'à l'aide du temps et au prix de l'effort; elle est une acquisition lente et laborieuse, une *habitude*. » L'*initiative*, qui est l'art non pas d'*imiter* mais de *commencer*, est par excellence l'habitude qu'a acquise la volonté de déclancher facilement et rapidement son action dans une direction nouvelle, malgré les impedimenta des circonstances, des habitudes individuelles et

(1) *L'Éducation du caractère*, p. 178.

sociales. C'est une *rupture d'habitudes,* qui est elle-même une *habitude,* quand elle n'est pas un acte passager imposé par la nécessité ou le caprice. Une grande vie, a-t-on dit, est une volonté au service d'une idée. Et l'on pourrait ajouter : une petite vie est une volonté esclave d'un sentiment ou d'une sensation. Les *caractères,* qui sont en premier lieu des êtres de volonté, ont si bien *adapté leur volonté à leur idée* qu'elles sont soudées l'une à l'autre indissolublement dans une habitude à la fois volontaire et intellectuelle. Ils sont les plus volontaires des hommes, partant les plus libres, et toutefois il est facile de prévoir avec certitude la manière dont ils agiront dans un cas donné. C'est donc que la volonté n'est pas une balance folle qui monte et qui descend pour le plaisir de *jouer,* comme le chasseur qui préfère la chasse à la prise. La volonté n'est rien, si elle n'est pas finalité active, *appétit intellectuel.* « A toute forme, dit saint Thomas (1), suit une inclination naturelle; ainsi le feu répand la chaleur, ainsi le vivant tend à reproduire son semblable. Mais l'être doué de connaissance réalise la forme en un mode plus élevé que ceux qui en manquent. En ces derniers, la forme détermine l'être propre et naturel de celui qui la possède, et il s'ensuit une inclination qui est

(1) 1º *pars.,* q. LXXX, art. 1.

un appétit de nature. Mais en ceux qui ont la connaissance, l'être propre et naturel est déterminé de telle manière par la forme, qu'en même temps il demeure pétrissable en la forme des autres êtres. Ainsi le sens se modèle sur le sensible et l'intelligence sur l'intelligible, de telle sorte que l'âme humaine, douée de sens et d'intelligence, soit en quelque manière toutes choses : en quoi elle approche de la similitude de Dieu. Comme donc les forces existent dans les êtres doués de connaissance selon un mode plus élevé que celui des formes naturelles, ainsi l'inclination qui en ressort doit être, en eux, d'un mode supérieur à celui de l'inclination purement naturelle. Et cette inclination supérieure est le fait de la puissance de l'âme appelée appétitive, par laquelle l'animal peut appéter non seulement ce à quoi il est incliné par sa forme native, mais encore ce qu'il appréhende. » Ainsi la volonté est la tendance, l'inclination au Bien. Or l'habitude n'étant que l'exercice d'une tendance s'adaptant à sa fin, il paraît évident que l'inclination au Bien, dans la mesure où elle cherche Dieu et le trouve, s'oriente, s'adapte, s'épanouit, s'habitue, et s'affirme *libre,* c'est-à-dire maîtresse des appétits inférieurs qu'elle domine au lieu d'en être l'esclave. Si par contre, tel un roi fainéant, le vouloir s'endort et abandonne le gouvernement à ses sujets, avec toute licence de s'accroître et de se fortifier à ses dépens, il aura un mal inouï plus tard à secouer sa torpeur et à ressaisir son autorité. « La volonté humaine est naturellement indéterminée; mais il n'est pas moins, assuré qu'elle a aussi cela de naturel qu'elle se fixe elle-même par son propre mouvement et se donne un certain penchant dont il est presque impossible qu'elle revienne. Ainsi, par sa liberté naturelle, elle est maîtresse de ses objets qu'elle peut prendre ou rejeter comme il lui plaît; mais autant qu'elle est maîtresse de ses objets, autant elle est capable de se lier par ses actes. Elle s'enveloppe elle-même, dans son propre ouvrage, comme un ver à soie; et si les lacets dont elle s'entoure semblent de soie par leur agrément, ils ne laissent pas toutefois de surmonter le fer par leur dureté. Nón, elle ne peut pas si facilement percer la prison qu'elle se fait, ni rompre les entraves dont elle se lie. Et ne me dites pas ici que puisque nos engagements sont si volontaires, la même volonté qui les fait les pourra facilement dénouer. Au contraire, c'est ce qui fait la difficulté, de ce que la même volonté qui s'est engagée est aussi obligée de se dégager; c'est elle qui fait les liens et les veut faire, et elle-même qu'il faut employer pour les dénouer (1). » On entrevoit la réponse à faire à ceux qui opposent *habi-*

---

(1) Bossuet, 4e *Sermon pour la Circoncision.*

tude à *attention* et *à liberté*, et donc à *volonté*. Chacun sait que c'est la thèse essentielle de l'*Émile*. L'homme naît bon, la société le « déprave », entendez les habitudes sociales, baillonnant sa spontanéité, l'entravent et étouffent à la fois sa conscience et sa responsabilité. Pour sauvegarder la liberté, l'éducation doit se contenter d'être *négative*, c'est-à-dire qu'elle a pour mission d'éloigner de l'enfant le *tout-fait*, d'où qu'il vienne, de la vie sociale, de la science et de la religion. C'est quand il sera en pleine possession de ses facultés que l'adulte *choisira* en toute connaissance de cause le chemin qu'il veut suivre.

Il est incontestable que l'attention et l'habitude sont deux fonctions différentes, mais loin d'être exclusives l'une de l'autre elles se complètent et sont l'une à l'autre ce que l'âme est au corps et le corps à l'âme, composant une unité substantielle indivisible. Nous avons déjà vu dans le chapitre des lois de l'habitude qu'il fallait renoncer à la théorie de l'automatisme physique qui vide de conscience les mécanismes habituels. Or, la moindre conscience est un commencement d'attention. L'attention n'est donc pas uniquement une spontanéité qui crée du neuf ni l'habitude une machine à conserver du vieux. Les routines les plus invétérées reprennent une vitalité consciente sous l'empire de l'attention volontaire. Ainsi que nous l'avons noté, l'habitude *libère la conscience mais ne la détruit pas,* si bien que celle-ci peut à son gré *se réinsérer* dans le jeu qu'elle a monté, comme le jet de vapeur qui accompagne — plutôt qu'il ne l'actionne — le piston d'une locomotive dans une descente. L'attention est si peu opposée à l'habitude qu'elle peut devenir elle-même une habitude et Ribot, dans sa *Psychologie de l'attention,* a tout un chapitre où il prouve qu'on arrive très bien à *prendre l'habitude de faire attention.* Voilà certes qui doit paraître paradoxal à ceux qui confondent perpétuellement habitude et routine. « L'écolier dans sa salle d'étude, l'ouvrier dans son usine, l'employé dans son bureau, le marchand derrière son comptoir, aimeraient mieux le plus souvent être ailleurs; mais l'amour-propre, l'ambition, l'intérêt ont créé par répétition un entraînement durable. L'attention acquise est devenue une seconde nature; l'œuvre de l'art est consommée. La forme supérieure de l'attention est l'œuvre de l'éducation que nous avons reçue de nos parents, de nos maîtres, de notre milieu et de celle que nous nous sommes donnée plus tard à nous-mêmes, en imitant celle que nous avons d'abord subie. *Elle est un appareil de perfectionnement et un produit de la civilisation* (1). » Réciproquement, nous savons déjà (loi de l'habitude) que l'attention est néces-

(1) Pp. 54 et 58.

saire à l'acquisition des habitudes et que l'enfant dont on n'arrive pas à fixer l'attention reste réfractaire à toute éducation. Le fonctionnement des habitudes supérieures, qui sont autre chose qu'une pure et simple répétition, exige l'attention la plus soutenue : le joueur d'échecs le mieux entraîné qui a une minute de distraction perd la partie.

En ce qui concerne l'habitude et la liberté, les mêmes remarques valent. La spontanéité doit être orientée et disciplinée pour devenir liberté, sinon elle n'est qu'humeur et boutade. Le caprice, selon Paulhan, est une impulsion consciente en désaccord avec l'ensemble des tendances. La liberté est une volonté d'accord avec soi-même, qui tend à se continuer et à s'harmoniser avec les habitudes supérieures de la personnalité. Les impulsifs et les volontaires *sont agis ;* les hommes de caractère *agissent.*

> Hassan était peut-être un homme à caractère;
> Il ne le montrait pas, n'en ayant pas besoin.
> Il était indolent et très opiniâtre...
>
> Il était très joyeux et pourtant très maussade,
> Détestable voisin, excellent camarade,
> Extrêmement futile et pourtant très posé,
> Indignement naïf et pourtant très blasé,
> Horriblement sincère et pourtant très rusé.
>
> C'était un bon enfant dans la force du terme,
> Très bon et très enfant, mais quand il avait dit :
> « Je veux que cela soit », il était comme un terme.

> Il changeait de dessein comme on change d'habit ;
> Mais il fallait toujours que le dernier se fît.
> C'était un océan devenu terre ferme (1).

Loin de s'opposer, liberté et habitude s'enchâssent l'une dans l'autre comme deux fonctions qui s'unissent pour se compléter. La liberté étant le pouvoir de *s'organiser selon la raison,* Hegel n'a pas tort de dire que seules les mauvaises habitudes font perdre à l'homme de sa liberté. Sans doute, les bonnes habitudes, comme les mauvaises, imposent à la vie consciente une part de déterminisme et à l'esclavage du péché s'oppose l'esclavage du devoir. Mais dans le premier cas c'est la raison qui cède aux instincts inférieurs, aux sens et à la matière et se plie à leur service : retour à l'animalité et démission de la liberté. Dans le second cas, l'homme, maîtrisant les appétits de sa nature, tend vers sa fin qui est le Bien en soi et s'y ajuste de mieux en mieux : conquête du divin et triomphe de la liberté. L'art pour un dessinateur ou pour un musicien consiste non pas à tracer des lignes au hasard ou à taper des notes à gauche et à droite, sans unité d'inspiration ni de méthode, mais à si bien finaliser et *coordonner* les coups de crayon ou les accords qu'il en résulte une œuvre intelligible et harmonieuse. Ni l'action, ni la liberté,

(1) Musset, *Namouna,* Premières poésies.

ni l'habitude ne sont *fins en soi* : elles sont des *moyens* pour atteindre notre fin, là « béatitude », le Bien parfait, Dieu. Dire que le mérite d'un acte dépend avant tout de sa difficulté, c'est d'abord intérioriser à ce point la moralité qu'on la scinde de « l'œuvre extérieure », qui perd toute valeur, l'intention faisant tout, la bonne volonté excusant toutes les erreurs et toutes les maladresses. C'est prétendre ensuite qu'*un acte isolé*, quelque « méritoire » qu'il puisse être hic et nunc, *vaut plus*, c'est-à-dire est plus riche d'être qu'*un acte habituel*, quelque facile qu'il puisse être hic et nunc, qui exprime le fond le plus intime et le plus réel de la personnalité. C'est enfin oublier que l'effort est une preuve de faiblesse, qu'il est passager et éphémère, comme la lueur d'un éclair; que la vertu, au contraire, est une source lumineuse, abondante et continue, qui jaillit d'autant plus facilement et plus librement que son foyer est mieux réglé. Le saint qui en est arrivé à faire le bien comme chose naturelle, et le héros d'occasion qui déploie au bien un effort surhumain, sont l'un à l'autre comme l'écolier qui sue sang et eau pour faire une page d'écriture l'est à son maître qui calligraphie avec aisance et rapidité. A l'opposé, l'impie qui « boit l'iniquité comme l'eau », quand bien même il aurait perdu la notion du bien et du mal, est plus mauvais dans chacune de ses fautes que celui qui commet le péché par exception, avec une vive conscience du mal qu'il fait. Pour celui-ci, comme pour le héros d'un jour, l'acte extérieur est *quelque chose d'eux;* pour le saint et le vicieux, c'est *eux tout entiers,* engagés avec tout leur être dans le bien et dans le mal au point de se confondre avec eux. Il faut donc renoncer avec Kant à mesurer la vertu à sa difficulté et à exclure de la morale ce que l'accoutumance y apporte de facilité et d'agrément, mais reconnaître avec Aristote que le sage est celui qui, par l'exercice prolongé du bien, y trouve attrait, goût et bienfait (1).

V. — *L'habitude et la société.* — L'individu est peu par lui-même. Comme le poisson dans l'océan, il est plongé dans un milieu social (famille, patrie, humanité) qui n'est pas un chaos, mais bien une sorte d'organisme vivant qui a sa manière à lui de penser, de sentir et de vouloir. Chaque époque, chaque race a ses habitudes particulières, habitudes affectives, intellectuelles et volitives et nul, quoiqu'il fasse, ne peut

____

(1) Platon, par contre, condamne l'habitude. La vertu consiste à *savoir.* Celle qui ne repose que sur l'habitude est routinière et sans principes, incapable de faire de la vie un tout harmonieux. Dans le *Phédon,* Platon fait renaître sous forme d'abeilles, de guêpes, de fourmis, les hommes « qui ont cultivé la vertu populaire et politique, qu'on appelle prudence et justice, née de l'habitude et de l'exercice sans philosophie et sans intelligence. »

entièrement se dégager de son temps. Ces habitudes trouvent leur expression en même temps que leurs assises dans le langage qui est le grand régulateur et uniformisateur des sentiments et des pensées. Les mœurs, les lois, les coutumes, qui définissent un peuple, ne sont que des habitudes sociales cristallisées et se transmettant de génération en génération comme un héritage sacré. La religion, le droit, la politique, la guerre, l'architecture, la musique, la peinture, la poésie, la politesse, le protocole, le mode, etc..., sont soumis à des règles d'autant plus exigeantes et moins capricieuses que leur origine est ancienne et continu leur développement. « L'ortographe, étiquette de la langue et le rituel, étiquette de la religion, sont équivalents en rigueur quand la langue et la religion sont très vieilles toutes deux. La procédure, étiquette du droit, et le cérémonial, étiquette des relations mondaines, sont très formalistes quand ils remontent très haut. La prosodie, étiquette de la poésie, devient de plus en plus despotique à mesure qu'on versifie davantage; la paperassie et la routine administratives, étiquette du Gouvernement, font des progrès de jour en jour. L'architecture exige une répétition de plus en plus servile de ses types consacrés, etc... (1). » La *Patrie* est le faisceau

(1) TARDE, *Les lois de l'Imitation*, p. 200.

des habitudes d'une race. Elle comprend d'abord le sol qui nous porte, qui nous nourrit, où vivent ceux que nous aimons, où sont enterrés ceux que nous avons aimés. C'est sur cette terre que nous sommes habitués à marcher, dans ce climat, sous ce ciel, que nous respirons depuis notre enfance. L'homme du Nord ne peut se passer de ses rudes hivers, pas plus que l'oriental de son désert ensoleillé. Nous sommes familiarisés avec notre langue qui exprime nos idées à nous, nos sentiments, nos espoirs; notre histoire, qui est comme notre prolongement dans le passé; nos arts, notre littérature, nos monuments, nos traditions nationales et religieuses, qui sont la synthèse, le bloc vivant de toutes les habitudes affectives, volitives et intellectuelles de la race. Tous, — tant que nous sommes — et le plus haut génie ne fait pas exception à la règle, — nous recevons de la société la plus grande portion de nos habitudes et de nos manières de juger. La *civilisation* où nous naissons s'impose à nous au berceau et ne nous abandonne même pas à la tombe, dont elle dicte la forme et l'emplacement. — « La pensée originale la plus rare comprend une bonne part d'éléments fournis par l'habitude, par l'instinct, par la routine, par le milieu. L'esprit ne peut travailler que sur ce qu'il trouve en lui-même, et ce qu'il y trouve lui vient toujours en partie de ses ancêtres, de ses éducateurs, de la civilisation dont il est un élément. On peut ainsi retrouver dans un esprit créateur, dans une œuvre originale, le dépôt, laissé par d'innombrables générations, lentement organisé en routine, et assimilé peu à peu (1). » Ainsi, la prétention qu'avait Descartes d' « abattre le logis où il demeurait pour le rebâtir », c'est-à-dire de faire table rase de son éducation et de s'enfermer dans un cabinet face à face avec sa seule raison, est une gageure qu'il n'a pas réussi à tenir. Dans son « poêle » il s'est trouvé des fissures inévitables, et tout novateur qu'il soit il n'a pu se dépouiller ni de sa race, ni de son époque, ni de sa première formation. Les mœurs sociales d'un peuple sont si résistantes que le législateur et le fondateur de religion restent souvent impuissants à les changer radicalement. C'est ainsi que l'on trouve des survivances tenaces de paganisme dans des populations christianisées depuis quinze siècles. Dixon, dans la *Nouvelle Amérique,* raconte les essais infructueux tentés pour transformer en agriculteurs les Peaux-Rouges chasseurs. On leur distribua des terres, des instruments de culture, on leur fournit des écoles avec instituteurs, on bâtit des moulins, des chapelles, mais presque partout les expériences échouèrent. Ils se refusaient obstinément à tout travail manuel

(1) PAULHAN, *Psychologie de l'Invention,* p. 58.

ou du moins n'y apportaient pas le soin et la continuité nécessaires pour produire du grain et élever des troupeaux. Une ou deux familles qui avaient quelques gouttes de sang blanc dans les veines devinrent des colons passables. Les autres ne restèrent sur le sol que tant qu'ils y trouvèrent du gibier à vendre. Lorsque le bois devint rare et que le gibier eut disparu, ils se mirent à vendre leurs terres à des agents spéciaux et se retirèrent dans la région solitaire de Green Bay.

VI. — *L'habitude et l'éducation.* — Si l'on admet que l'habitude est la loi selon laquelle vivent et s'épanouissent les fonctions biologiques et psychologiques, l'*éducation* reviendra essentiellement à cultiver des habitudes et à les harmoniser. Les habitudes biologiques et physiologiques servant de substratum aux habitudes psychologiques, il importe de donner au corps un développement normal, sain et vigoureux. *Mens sana in corpore sano.* C'est dire l'importance de l'hygiène, de l'alimentation, de l'exercice, qui fortifient l'organisme, l'assouplissent et en font un instrument à la fois puissant et docile au pouvoir de la volonté. Un homme qui n'a pas un minimum de « bien-être » ne peut vivre par l'esprit, ses habitudes biologiques et physiologiques se désagrégeant et se dérobant aux essais de synthèses supérieures. Ventre affa-

mé n'a pas d'oreilles. D'où le danger de la
misère et de l'ascétisme exagéré, et la nécessité
de nourrir les foules avant de les prêcher. Certains idéalistes qui n'ont jamais souffert de la
faim peuvent se scandaliser que « le ventre soit
le meilleur chemin du cœur. » Qu'ils se rappellent
le mot de Pascal : « Qui veut faire l'ange fait la
bête. » Pour qu'il soit un serviteur obéissant et
généreux, il faut que le corps soit nourri et
entraîné, sans toutefois accaparer à son profit
toutes les · forces vives de l'organisme : ni
ascète ni athlète (1). La gymnastique et les
sports, si importants au point de vue du développe-
loppement des muscles et de la réfection du cerveau, si utiles aussi à l'acquisition des habitudes de décision, de discipline et d'initiative, ne
doivent être ni dédaignés comme en France ni
prônés comme en Angleterre, car l'homme
est animal, — et donc il est à éduquer physiquement — et animal raisonnable, — et donc il
est à éduquer rationnellement. Les fonctions
organiques travailleront ainsi non pour elles-
mêmes mais pour l'esprit. « L'homme ne vit
pas seulement de pain. » Aussi, y a-t-il lieu de
faire l'éducation de toutes les opérations de
la vie consciente : sensation, sentiment, percep-

(1) Il va sans dire que cette règle comporte des exceptions.
Les saints sont souvent des ascètes.

tion, imagination, mémoire, attention, jugement, pensée, volonté. Le point capital, c'est de hiérarchiser les différentes habitudes sans briser aucun ressort de l'activité et d'accorder à chacune d'elles le développement qui lui revient de par sa propre nature. L'homme n'étant pas essentiellement bon, comme le prétendait Rousseau, il ne s'agit pas de mettre la bride sur le cou à tous ses instincts, mais de combattre les mauvais au profit des meilleurs. Il y a lutte perpétuelle dans la conscience entre des multitudes de tendances et d'habitudes qui se contredisent et s'entre-choquent. Le but dernier de l'éducation est de tremper la volonté et de la mettre au service d'une idée juste; donc de faire contracter à l'individu toutes les habitudes organiques, physiologiques, affectives, volitives et intellectuelles qui le mettront à même de faire en soi l'unité et de répondre à sa vocation. L'*instruction* n'est qu'une partie de l'éducation, puisqu'elle ne s'adresse qu'à l'intelligence. Au point de vue moral et religieux, elle n'est pas la panacée universelle que certains théoriciens antiques ou modernes préconisent. Saint Thomas enseigne que l'homme est plus indigent de volonté que de raison, et les auteurs spirituels mettent en garde contre les oraisons qui ne se tournent pas en *résolutions* et en *actions*. Si bien penser sert à bien vouloir, bien vouloir sert à bien penser. *Qui male agit*

odit lucem ; qui facit veritatem venit ad lucem (1).
Ce que les théologiens appellent *la crise de la foi*
suit la plupart du temps *la crise des mœurs,* et
la valeur morale d'un individu ou d'un peuple
n'est pas toujours en raison directe de sa valeur
intellectuelle. Il n'est pas prouvé que la civilisation qui se vante d'élever la masse au rang de
« citoyens conscients et organisés », ait organisé
autre chose que des appétits sans conscience.
L'instruction est nécessaire mais l'éducateur
n'oubliera pas qu'il a peu fait tant qu'il n'a pas
formé des volontés et des caractères. Les deux
écueils à éviter dans l'éducation ce sont la *rigi-*
dité, qui au lieu de discipliner la nature la brise,
et le *laisser-aller,* qui au lieu de discipliner la
nature l'énerve. Être éducateur est un art
délicat où il faut avant tout de l'«esprit de finesse»,
du tact, du doigté, du discernement. Comme
les habitudes ne créent rien mais développent
des tendances, il importe de ne demander à
chacun que ce qu'il peut donner et de ne forcer
ni les goûts, ni les talents, ni les aptitudes.
Mais à tous un idéal élevé et lointain doit être
proposé, comme l'appât stimulateur qui empêche
les habitudes de tourner en rond et les oblige
à s'élargir et à se hausser sans cesse. L'*ambition,*
qui est l'*émulation* des grandes personnes comme

(1) Saint JEAN, III, 20 et 21.

l'émulation est l'ambition des enfants, à condition qu'elle tienne compte de l'échelle des valeurs individuelles et sociales, est un précieux ressort de l'activité humaine, qui la sauve de l'automatisme et de la stagnation Le « *Quo non ascendam?* » est un blasphème s'il est un défi à Dieu. Quand il vise au triomphe de la synthèse intellectuelle, ou religieuse, ou morale, sur l'anarchie des appétits inférieurs (individuels ou sociaux) et sur l'esclavage des routines, il est une « vertu de Dieu », qui fait les héros, les saints, les artistes, les génies (1).

Mais le vivant est un être social et nous avons vu que la société est une pépinière d'habitudes, d'usages, de coutumes, qui enveloppent l'enfant dès sa naissance et l'accompagnent par delà la tombe : « la race, le milieu, le moment » ne sont pas les facteurs les moins actifs de l'éducation. Si, en principe, la volonté est toujours maîtresse de marcher droit ou d'obliquer, en fait ils sont bien rares les caractères et les intelligences qui savent s'affranchir de la tyrannie du nombre. La *formation personnelle* n'est possible que sur une élite. La masse restera toujours le troupeau qui ne connaît qu'une loi : l'*imitation*. Pour moraliser le peuple, il faut avant tout par les lois,

(1) « Ce que les Saints ont fait, ne le pourrai-je pas moi-même? » (Saint Augustin.)

par l'art, par le théâtre, par la littérature, par la presse, par l'instruction, par la religion, l'entourer d'une atmosphère saine où il n'ait qu'à se laisser vivre pour bien vivre. La réciproque, hélas ! est également vraie. Il en résulte, pour ceux qui aspirent à *diriger* selon des idées qui n'ont pas la faveur publique, l'obligation de créer pour leurs « ouailles » des milieux artificiels (associations, mutualités, syndicats, écoles, paroisses, maisons de famille, églises), où elles trouvent la satisfaction de leurs besoins sociaux de sympathie, d'amitié, de communauté d'idéal et d'action. En voulant démolir l'Église du Christ et briser le « milieu » chrétien, sans le remplacer, Luther, s'il cherchait de bonne foi une réforme, s'est révélé piètre psychologue. L'homme est attaché à la société comme l'arbre au sol. C'est d'elle qu'il tire son existence, sa subsistance, son bien-être total, physique, moral, intellectuel, religieux. Si on l'en arrache, il s'étiole, se dessèche et meurt. D'où la nécessité pour lui : premièrement d'une société organisée qui lui assure son bien-être physique, intellectuel et moral ; deuxièmement, d'une société organisée qui lui assure son bien-être religieux. Dans cet air ambiant favorable, l'individu pourra développer à l'aise ses meilleures tendances et laisser mourir ses mauvais penchants. Du moins se sentira-t-il le maître de ses actes et se gardera-t-il de faire retomber sur la communauté la responsabilité de ses erreurs ou de ses crimes.

Ces remarques faites, il reste que l'éducateur doit viser à forger des volontés, car, en dépit des influences de tout genre qui tendent à l'accaparer, la volonté est la forteresse inexpugnable de la personnalité humaine. « Par la discipline de notre volonté, nous pouvons, dans une large mesure, nous rendre maîtres de notre organisme. En outre, en déposant en nous, par son exercice répété, les habitudes de vouloir favorables, la volonté pourra déraciner les habitudes fâcheuses qui ont pu se développer en nous. Contrairement au dicton vulgaire, il est donc possible de se réformer, et dans son tempérament physique, et surtout dans son caractère moral. Il y a plus : il n'y a pas jusqu'aux caractères transmis par l'hérédité que nous ne puissions aspirer, sinon à annihiler, du moins à modifier plus ou moins profondément : pour s'évader de son hérédité, la première condition est de croire l' « évasion » possible. En apprenant à manier notre volonté nous apprenons à gouverner notre manière de réagir; peu à peu, l'habitude devient nécessité d'agir et, si nous identifions la recherche du plaisir avec la recherche du bien, elle se transforme en une obligation toujours plus pressante, plus impérieuse, de donner à la volonté raisonnable la direction suprême de toute notre vie, d'assigner ainsi pour but et raison d'être à celle-ci, la tension et l'épanouissement progressifs de notre personnalité vers un idéal rationnel, de trouver notre utilité, notre plaisir, notre bonheur dans la compréhension et la réalisation de plus en plus parfaite du bien en nous. En même temps, la croyance à notre perfectibilité est devenue une confiance toujours plus ferme en nous-mêmes, un optimisme non pas aveugle, mais tenace et agissant. Ici, l'habitude n'engendre ni inconscience ni satiété, car notre perfectionnement est indéfini, et par là même notre œuvre nous devient chaque jour plus hautement consciente, plus profondément désirable (1). » Mieux que des paroles, l'exemple des saints est là pour attester la puissance de la volonté sur le tempérament et le caractère. Saint François de Sales était un sanguin, prompt à l'emportement. Il mit douze années à se corriger et à devenir le plus doux, le plus suave d'entre les hommes. Saint Augustin qui était retenu loin de Dieu par les chaînes de la volupté, les plus lourdes de toutes, après des luttes émouvantes présentes à toutes les mémoires, finit par les briser. Sans chercher si loin ni si haut, le prêtre est à même, mieux que personne, de constater que l'effort est à la disposition de chacun et que,

(1) Dr Paul-Émile Lévy, *L'Éducation rationnelle de la volonté*, pp. 158 et 160.

fortifié par l'habitude, il est un instrument merveilleux de lutte et de conquête. C'est ce que Saint Ambroise dit admirablement au chapitre sixième des *Avantages de la mort :* « Le cœur de l'avare ne reconnaît d'autre empire que celui des sens, mais le corps n'est, entre les mains du juste, qu'un instrument docile : comme un habile ouvrier qui donne à la matière qu'il travaille toutes les formes qu'il désire, l'homme sage fait exécuter à son corps tous les mouvements convenables et l'assujettit à toutes les lois de la volonté. Sous sa main, il devient comme un instrument plein d'harmonie qui fait entendre le doux concert de toutes les vertus. »

Voici quelques recettes pratiques pour acquérir une nouvelle habitude ou en perdre une ancienne. Elles sont tirées d'H. Bain et de W. James qui, eux-mêmes, ne font que répéter les vieux conseils de la sagesse des nations.

La première maxime est qu'il faut *se jeter à l'eau d'emblée par une initiative énergique et irrévocable.* Il est important : de faire un faisceau solide de tous les bons motifs et d'exclure, sans les discuter, les mauvais; de se remettre sans cesse sous les yeux la nécessité, l'intérêt, la beauté, la grandeur, de la science, de la vertu, etc., que l'on veut développer en soi; de se mettre dans un milieu favorable et de fuir ce que les confesseurs appellent les occasions dangereuses;

au besoin, de se compromettre en public, de manière qu'il soit impossible de revenir en arrière, ou de se lier par une promesse, par un serment, par un vœu. Le premier élan donné, le reste suit : « Si nous nous faisions d'abord violence, nous ferions ensuite tout aisément et avec joie (1). »

Seconde maxime : *Ne jamais souffrir d'exception tant que l'habitude nouvelle n'est pas sûrement enracinée dans la vie.* Toute faute ressemble à la chute d'une pelote de fil que l'on est en train d'enrouler soigneusement : quel travail pour l'enrouler à nouveau de tous les tours échappés en une fois ! « L'originalité des habitudes morales, ce par quoi elles se distinguent des acquisitions intellectuelles, c'est la présence de deux pouvoirs antagonistes dont l'un doit progressivement dominer l'autre. Par-dessus tout, il faut éviter de perdre une bataille : une défaite annule cent victoires. D'où la tactique essentielle de cette lutte des deux pouvoirs : assurer au bon une suite ininterrompue de succès, jusqu'à ce que cette répétition même le fortifie assez pour qu'il puisse faire front dans n'importe quelle circonstance. Tel est, en principe, pour l'âme, le vrai chemin du progrès (2). » Les succès *du début* sont décisifs. « Arrêtez le mal dès son origine; le remède vient trop tard quand le mal s'est

---

(1) *Imitation de J.-C.*, liv. Ier, ch. XI.
(2) A. BAIN, *Les habitudes morales.*

accru par de longs délais » (Ovide). Et l'*Imitation* ajoute : « D'abord une simple pensée s'offre à l'esprit, puis une vive imagination; ensuite le plaisir, et le mouvement déréglé, et le consentement. Ainsi, peu à peu, l'ennemi envahit toute l'âme lorsqu'on ne lui résiste pas dès le début. Plus on met de retard et de langueur à le repousser, plus on s'affaiblit chaque jour, et plus l'ennemi devient fort contre nous. »

Troisième maxime : *Saisir la première occasion d'appliquer chacune de ses résolutions, suivre immédiatement toute suggestion émotionnelle orientée dans le sens de l'habitude à acquérir.* La résolution est peu de chose tant qu'elle n'est pas passée dans les muscles et n'a pas ainsi déterminé un commencement d'habitude. C'est pourquoi l'enfer est pavé de bonnes intentions. « Ce n'est pas celui qui dit Seigneur, Seigneur, qui entrera au royaume des cieux, mais bien celui qui fait la volonté de mon Père qui est dans les cieux. » D'où l'impuissance, déjà signalée, des rêveurs pleins de bonnes pensées, de saintes méditations, d'excellents sentiments, qui n'en viennent jamais à l'exécution. « Une occasion immédiatement présente fournit seule son point d'appui au levier qui permet à la volonté de décupler sa puissance et de se soulever elle-même. Si l'on ne peut s'appuyer sur un terrain solide, on ne s'élèvera jamais au-dessus de l'étage des inutiles faiseurs de gestes » (Bain).

Quatrième maxime : *Maintenir vivante en soi la faculté de l'effort en la soumettant chaque jour à un petit exercice sans profit.* Faire effort quand l'intérêt ou le plaisir sont en jeu, c'est faire un demi-effort. L'effort pour l'effort est une victoire complète de la volonté. Cet ascétisme, prôné par certains modernes psychologues, est depuis longtemps en usage parmi ceux qui visent au progrès moral, en particulier chez les moines chrétiens. Chacun sait — et beaucoup de « faibles » s'en scandalisent — comment, dans les monastères, on forme les novices à l'obéissance en leur prescrivant des tâches infimes, souvent inutiles, rien que pour *exercer* leur tempérament. « L'homme, qui chaque jour a fortifié en lui des habitudes d'attention concentrée, de vouloir énergique et de renoncement dans les petites choses, restera debout comme une tour quand tout vacillera autour de lui et que ses compagnons d'infortune moins solides seront balayés par la tourmente comme de la balle d'avoine (1). »

En résumé, *le domaine de l'habitude est indéfiniment étendu, comme celui de la vie. Nul ne saurait se soustraire à sa dictature, ni le corps, ni l'esprit, ni l'âme, ni la société. D'où l'importance primordiale de l'éducation physique, intellectuelle, morale et religieuse des individus et des collectivités.*

(1) W. James, *Ouv. cité*, p. 191.

CHAPITRE IV

Rôle de l'habitude.

Les corps bruts, incapables d'habitude, apparaissent (1) uniformes et isolés. Soumis à la force d'inertie, ils demeurent indéfiniment ce qu'ils sont et leur nature impassible ne se modifie jamais : seuls changent, par le repos ou le mouvement, les rapports de leurs éléments. Chez eux, aucune spontanéité, rien qui ressemble à une fantaisie, à une réaction originale. C'est la répétition brutale et instantanée comme la sonnerie d'une horloge qui se déclanche. Le monde inorganique est le royaume de la *nécessité*, régi par des lois fixes et universelles, si précises et si rigides que la science peut déterminer, plusieurs milliers d'années avant l'événement, le point de passage d'une comète dans le ciel et prévoir exactement le jour, l'heure et la minute de son apparition. Le calcul et les formules, mesures de la *quantité*, s'insèrent dans la matière, qui est leur domaine propre, et ex-

(1) Nous employons ce terme à dessein, parce qu'il laisse champ libre aux théories métaphysiques sur la matière.

priment les rapports constants et invariables de ses éléments.

Ce qui fait l'originalité des êtres vivants c'est qu'il y a chez eux, à côté de la *permanence*, le *changement*, non pas ce changement de la matière qui n'est qu'un *déplacement* extérieur de ses éléments — mouvement physique, — ou qui en est une *transformation* complète — combinaison chimique, — mais un changement immanent qui *altère* le sujet, le rend *autre*, tout en le laissant *lui-même*. Un organisme ne persiste pas seulement dans l'existence comme un caillou ou comme un cristal, qui reste stationnaire, sans s'augmenter ni s'amoindrir. Il vit, c'est-à-dire, *ayant commencé d'exister*, il *croît*, il *se développe*, ou, au contraire, il *diminue* et *meurt*. Jamais il n'est *inerte*, mais toujours *actif* et *spontané*, quoique ordonné et *organisé*, donc soumis, lui aussi, à une loi : loi de changement radical ou loi dynamique, irréductible à la loi d'identité essentielle ou loi statique, qui semble être la loi fondamentale de la matière. Il n'y a qu'au vivant que peut s'appliquer intégralement le mot de Leibniz (1) : « Le présent est gros de l'avenir et chargé du passé. » Le présent, le passé, l'avenir, autrement dit *le temps*, n'a de signification que pour un être qui change sans perdre son identité. Vivre, c'est s'*adapter* au

____

(1) *Nouveaux Essais.* Avant-propos.

présent, c'est *continuer* le passé, c'est *progresser* vers l'avenir. Adaptation, continuité, progrès, telle est la caractéristique de la vie : si nos analyses sont exactes, l'habitude étant « procédé d'adaptation, condition de continuité, instrument de progrès (1) », s'affirme comme la loi fondamentale de la vie.

Nul ne conteste plus le rôle de l'adaptation dans la nature et, si la biologie l'a parfois exagéré, il n'en reste pas moins d'une importance capitale, même en physiologie et en psychologie. Or, qu'est-ce qui permet à un vivant de lutter contre un milieu hostile, de se forger des armes pour le vaincre, d'acquérir des mécanismes précis pour l'utiliser, sinon l'habitude?. Et comme elle remplit bien sa fonction à la fois défensive et offensive! D'une part, elle endurcit le corps contre les chocs extérieurs qui, trop violents dans leur continuité, entraîneraient une rupture d'équilibre au détriment de l'organisme; elle amortit ainsi les réactions de la sensibilité dans la mesure où elles seraient préjudiciables au fonctionnement normal des organes et au système nerveux; d'autre part, elle affine les sens et la conscience, discipline et oriente les forces, monte des mécanismes de précision qui permettent au vivant non plus seulement de *s'adapter* à la nature mais

(1) Baudin, *Psychologie,* p. 96.

de *l'adapter à soi.* Loin d'être inertie et automatisme, l'habitude, comme la vie, est finalité et synthèse. Elle centralise, concentre et fait, d'une puissance diffuse, faible et inhabile, un pouvoir un, fort et adroit. Il faut dépouiller l'habitude de tout élément conscientiel et finaliste pour en faire, avec Dumont, un mode de la loi d'inertie. C'est vouloir à tout prix aboutir au monisme matérialiste. La thèse d'Aristote, reprise par Leibnitz et Malebranche, ne conduit pas, malgré Ravaisson, au monisme idéaliste. Ce n'est plus de la psychologie, mais de la métaphysique, — et peut-être de la médiocre, — lorsque Ravaisson (1), après avoir analysé minutieusement l'acte habituel et avoir découvert en lui un phénomène caractéristique de la vie et de la conscience totalement étranger au monde inorganique, conclut que le physique n'est qu'une dégradation du spirituel, et que « l'habitude est la loi primordiale et la forme la plus générale de l'être, la tendance à persévérer dans l'acte même qui constitue l'être. » L'expérience révèle davantage, à savoir que l'habitude est *puissance d'adaptation,* donc de *changement,* en même temps que *puissance de continuité,* donc de *permanence.* A vrai dire, les deux choses sont inséparables : que serait un changement continu, même ordonné,

(1) *Ouvrage cité,* p. 35.

s'il ne se fixait pas de quelque façon? Cela res-
semblerait fort au πάντα ρεῖ d'Héraclite. Grâce
à l'habitude, le passé survit dans le présent, le
pénètre et l'enveloppe : la continuité est à l'adaptation ce que la tige est à la fleur. Pour un vivant,
le passé n'est pas *fini*, il dure et agit, « nous conservons parce que *nous nous conservons*, et nous
nous conservons parce que nous sommes attachés à l'être. S'il y a quelque condition ultime
de la conscience, ce ne peut être qu'un sentiment
qui nous attache à ce qui dure, et qui, par surcroît, nous fait durer. Penser ou avoir conscience,
c'est fonder quelque chose pour toujours, malgré
l'écoulement et l'écroulement de tout. Nous ne
pensons jamais sans affirmer la vérité de notre
pensée, sans affirmer qu'elle ne doit pas changer,
qu'elle doit se recommencer ou pour mieux dire
se continuer de la même manière. Par suite, toute
pensée tend à se recommencer indéfiniment.
L'habitude, par laquelle la pensée se conserve,
est donc une action continue dont les manifestations dans la conscience sont seules intermitten-
tes (1). » S'affirmer *soi-même* de plus en plus, tel
est la loi profonde de l'être vivant. Voilà pourquoi
toute impression, tout acte, toute idée tendent
ainsi à mordre sur la conscience, à s'y incruster, à
s'y épanouir. Acquérir du nouveau, cela n'avance

(1) CHARTIER, *Revue de Mét. et de Mor.*, janvier 1899, p. 32.

à rien si ce nouveau reste isolé de la synthèse générale. C'est un élément mort-né ou gênant ou même dangereux s'il croît aux dépens de l'organisme comme un parasite. Toute idée nouvelle doit être confrontée avec toutes les autres avant d'être reçue et adoptée. Sinon, il se pourrait qu'elle se développât à notre insu et sapât par la base, sans que nous nous en doutions, les jugements que nous estimions les plus précieux et les plus solides. C'est ce qui arrive dans certaines crises subites, intellectuelles, morales ou religieuses, qui déroutent, comme une catastrophe, par leur soudaineté et leur gravité, non seulement ceux qui en sont les témoins, mais encore parfois ceux qui en sont les victimes. Bien penser, bien agir, bien vivre en un mot, ce n'est pas marcher au hasard, « le nez au vent », en quête de nouveautés, d'oubli, d'étourdissement. Vivre — et la nature en donne l'exemple, — c'est vouloir s'unifier, faire tenir tant bien que mal tous ses actes en un seul, ramasser tout le passé dans le présent, agir à chaque instant avec tout son être et penser avec toute sa pensée. Or, cette condition essentielle à la vie de l'individu est assurée par l'habitude; c'est elle aussi qui assure la continuité de la vie sociale. Nous avons vu comment les habitudes organiques, développées par le climat, la nourriture, l'imitation, transmises par l'hérédité, contribuaient à la stabilité des espèces et des races. Les mœurs, les-lois, les coutumes, les codes, les traditions, qui sont les fondements de la vie nationale et les éléments indispensables à sa conservation, ne sont que du *passé monnayé* à l'usage du présent et de l'avenir : la *continuité de la vie sociale* ne peut être sauvegardée que par les habitudes sociales, vécues, parlées et écrites.

Mais le passé et le présent n'ont de raison d'être que s'ils sont « gros de l'avenir ». Alors que la matière apparaît comme une éternelle répétition, l'idée se développe et progresse. *Operatio sequitur esse.* Tout être agit *de la manière* et *dans la mesure* où il *est.* Toute idée tend à s'accroître en nous, à accaparer la conscience, à s'épanouir intégralement. « La vraie signification du phénomène d'habitude est d'arriver à fabriquer, dans des conditions données, le plus de vie possible (1). » Pour les vivants capables seulement d'habitudes passives, le développement complet arrive à son terme quand l'adaptation est faite. Pour l'esprit, il n'y a pas d'adaptation à une fin précise par un moyen précis, mais une adaptation à des fins multiples et indéterminées. Les routines, sortes d'instincts acquis, assurent à l'être sa continuité; les habitudes

(1) Le Dantec, *La Stabilité de la vie,* p. 200.

générales travaillent pour l'avenir et sont nos meilleurs instruments de progrès. Elles gardent toujours ouverte par un côté la chaîne des représentations associées, de sorte que celles-ci, ne formant jamais une série définitivement close, s'étendent de plus en plus pour saisir du neuf et se l'assimiler. Les unes et les autres, en économisant les forces de l'organisme et de la conscience, en simplifiant les mécanismes du corps et des fonctions, en concentrant dans des idées de plus en plus simples des expériences de plus en plus multiples et complexes, accroissent la puissance vitale de l'organisme et de la pensée. Si pour celui-là le progrès a des limites, pour celle-ci il semble que théoriquement il n'en a pas. Ce qui nous met en mouvement, c'est l'attrait, c'est le plaisir. Or, les lois de l'habitude nous ont montré que si elle émoussait la sensation, en développant la connaissance elle devenait la source de jouissances nouvelles, qui, à leur tour, entraînaient l'esprit plus loin et plus haut. Ainsi que l'écrit saint Thomas, « les délectations sensibles, quand elles durent ou se multiplient, engendrent le dégoût, — parce qu'elles dépassent ce qui est requis par la complexion du corps, — et poussent à en chercher d'autres. Mais les joies spirituelles, qui achèvent la nature, sont de plus en plus délectables et la contemplation se développerait indéfiniment, n'étaient les organes qui se lassent (1). »

« Le plaisir intellectuel et artistique, dit à son tour Fouillée (2), s'il est pris en soi et indépendamment des organes qui se fatiguent à la longue, croît en raison directe de l'activité exercée et de son succès. Qui ne connaît le passage classique de Bossuet : « Les yeux fixés sur le soleil y souffrent beaucoup et à la fin s'y aveugleraient; mais le parfait intelligible récrée l'entendement et le fortifie; la recherche en peut être laborieuse, mais la contemplation en est toujours douce. » Toutefois, c'est un idéal irréalisable, la plus haute extase n'allant pas sans une tension de muscles qui se manifeste dans l'attitude même et sans un épuisement consécutif de la substance nerveuse. *La mesure* (3) dans l'activité devient donc un moyen d'en assurer le développement le plus intense et le plus efficace. »

Il est si vrai que l'habitude est un des moyens du développement et du progrès que, si l'on parcourt la série des êtres, on constate que seuls sont capables de progrès ceux qui sont capables d'habitudes et que ce sont ceux qui sont aptes à

(1) I· Iæ, quest. XXIII, art. II.
(2) *Psychologie des Idées-forces*, I, p. 63.
(3) Nous avons indiqué précédemment comment l'habitude *met au point l'activité, la maintient dans un juste milieu,* en un mot *la mesure* exactement à la fin où elle tend. *In medio stat virtus.*

posséder les habitudes les plus nombreuses et les plus complexes qui sont susceptibles du progrès le plus continu et le plus parfait. L'homme, le plus élevé dans la chaîne des vivants, est infiniment plus riche en habitudes que le plus perfectionné des animaux, puisqu'il possède en propre des habitudes intellectuelles et morales, multiples et compliquées. « Chez l'homme, l'habitude joue un rôle si considérable, que ses facultés les plus belles, comme ses plus humbles puissances, demeurent inutiles, que l'homme n'est pas viable, si l'habitude ne s'ajoute et ne supplée à la nature. Il semble donc bien que ce soit de ce côté, dans les conditions du développement progressif des êtres doués de vie, de sentiment ou de raison, qu'il faut chercher le comment et le pourquoi de l'habitude (1). »

En résumé, adaptation, continuité, progrès, voilà les trois faces de l'habitude. Mais son rôle, au fond, est unique et le voici : *fixer, pour l'utiliser, le perpétuel devenir*. Cela ressemble à un paradoxe : c'est le mystère de la vie et de la conscience. Pour la matière, le passé, le présent, l'avenir, d'un mot, la *durée* n'a pas de sens. Il y a en elle succession de mouvements *sans relation interne*. Comment faire du passé qui n'est plus et de l'avenir qui n'est pas encore ce point sans

____

(1) LEMOINE, *Ouv. cité*, p. 15.

dimension et insaisissable qui s'appelle le présent? Comment d'un point mathématique faire une ligne, d'une succession une durée? Ce problème insoluble, l'habitude le résoud dans une première synthèse qui s'appelle la vie, dans une seconde qui s'appelle la conscience, dans une troisième qui s'appelle la raison théorique et pratique (1). *Elle fait un compromis entre la nature qui a ses lois et l'esprit qui a les siennes.* Mais la matière est inertie et l'esprit spontanéité, et celui-ci tend de plus en plus à s'insérer en elle pour la soulever et la spiritualiser. De passive à son origine, l'habitude devient active et progressive, marquant ainsi la pénétration croissante de l'organisme par l'esprit, de la société par la civilisation. Mais si l'esprit gagne du terrain et si la matière en perd, ce n'est jamais qu'une soumission de l'une à l'autre, non une démission. Car leur coopération intime, quoique hiérarchisée, est essentielle à la vie et au progrès de l'individu et de l'espèce. Nous sommes loin, on le voit, du mécanisme radical dont L. Dumont se fait l'apôtre et qui ramène l'habitude à un pur phénomène physique. Épicure, par sa théorie de l'âme corporelle, agrégat d'atomes, est l'initiateur de ce mécanicisme et Descartes en reste le génial vulgarisateur. Ce

(1) Dans les limites fixées p. 91 et suiv.

dernier, ayant relégué l'âme dans la glande pinéale, explique toutes les opérations du corps par la circulation des esprits animaux dans le merveilleux automate qu'est l'organisme. Et voici le secret de l'habitude : « Les pores du cerveau, par où les esprits ont auparavant pris leur cours, acquièrent par cela une plus grande facilité que les autres à être ouverts derechef en même façon par les esprits qui reviennent vers eux (1). » Quant à la volonté, elle est tellement libre de sa nature qu'elle ne peut jamais être contrainte. Toute l'action de l'âme consiste à mettre en mouvement la glande et, par elle, les esprits animaux, qui se précipitent d'autant plus rapidement et facilement que les routes ont été plusieurs fois creusées et élargies par de précédents passages. Toutefois Descartes est obligé d'admettre que l'habitude n'a pas toujours une origine physique. Ainsi, le courage peut se développer à l'encontre des mouvements corporels qui, naturellement, devraient susciter la peur; de même le jugement, que les fausses apparences déçoivent si fréquemment, requiert l'habitude de la méditation (2), et, en ce sens, on a raison dans l'École de dire que les vertus sont des habitudes. *Parallèlement* aux habitudes du

(1) *Des Passions*, n. 42.
(2) *Lettre à la princesse Élisabeth* (15 juin 1645).

corps, il y a donc des habitudes de l'esprit, mais sans liaison entre les unes et les autres. Malebranche accentuera encore la théorie mécanique de l'habitude. Sans doute il parle aussi d'habitudes spirituelles, mais n'en donne aucune explication, se contentant d'en constater l'existence. Il est surtout frappé par le rôle de l'habitude dans la connaissance (1). Il l'exagère au point de ramener le rationnel à l'expérience, la causalité à la succession, sous prétexte que les principes ne sont que des liaisons subjectives, engendrées par la répétition des mêmes enchaînements. Il est le précurseur des empiristes qui pousseront à fond le système cartésien et aboutiront au phénoménisme matérialiste.

Les données de l'expérience sont donc d'accord avec la théorie d'Aristote, reprise par les stoïciens, les scolastiques, Leibnitz, Maine de Biran, Ravaisson. Selon ces philosophes, l'habitude est la modification d'une activité spirituelle. A base de matière et de conscience, elle apparaît comme un compromis entre la plasticité passive de la matière et la plasticité active de la conscience qui engendrent une *qualité nouvelle* et *durable*. « Si l'habitude, une fois acquise, est une manière d'être générale permanente, et si le changement est passager, l'habitude subsiste au delà du chan-

(1) *Recherche de la vérité* liv. II, 1re partie.

gement dont elle est le résultat. En outre, si
elle ne se rapporte, en tant qu'elle est une habitude et par son essence même, qu'au changement
qui l'a engendrée, l'habitude subsiste pour un
changement qui n'est plus et qui n'est pas encore,
pour un changement possible; c'est là le signe
même auquel elle doit être reconnue. Ce n'est
donc pas seulement un état, mais une *disposition*,
une *vertu* (1). »

En résumé, *l'habitude a pour rôle essentiel de
continuer le passé et de l'adapter au présent et à
l'avenir. Elle est à la fois loi de continuité et loi
de progrès. Elle ne crée pas comme Dieu, elle ne
répète pas comme la matière, mais elle adapte
comme la vie.*

On pourrait la définir : *une disposition permanente, acquise par l'exercice, qui perfectionne
une activité en l'adaptant à sa fonction.*

(1) RAVAISSON, *Ouv. cité*, p. 1.

APPENDICE

L'habitude dans saint Thomas.

Il est important de ne pas confondre l'habitude telle qu'elle vient d'être exposée, avec l'*habitude scolastique* ou *habitus*. L'habitus a une extension beaucoup plus large que l'habitude, et il est nécessaire de le bien définir pour éviter des confusions, particulièrement en théologie (vertus acquises, vertus infuses).

I

Nature de l'habitude.

L'habitude est une espèce de *qualité* qui détermine un sujet de telle sorte qu'il soit disposé bien ou mal, c'est-à-dire d'une manière *conforme* ou *non conforme à sa nature* (1), soit dans son *être*, soit dans ses *opérations*. Mais c'est l'*être* premièrement qu'elle affecte, et l'opération secondairement, par surcroît, en tant que celle-ci découle

(1) 1ᵃ IIᵉ, q. XLIX, a. 2c.

de l'être. Toutefois, si la nature d'une chose n'existe que pour l'opération, l'habitude affectera directement *l'opération*. Ainsi en est-il pour les puissances de l'âme, et saint Thomas définit l'habitude des puissances « une certaine qualité suivant laquelle la puissance incline à l'acte (1) ». Puisque les puissances de l'âme, qu'elles soient bien ou mal disposées, sont constamment sollicitées et aidées à agir par cette inclination, l'habitude « paraît bien être quelque chose de surajouté à la puissance, qui la perfectionne dans son opération (2) ».

Rentrent dans la première catégorie d'habitudes — celles qui affectent directement *l'être*, — la santé, par exemple, ou la maladie, qui disposent le corps bien ou mal. Par contre, la science, qui détermine l'intelligence à la connaissance de la vérité, est une habitude opérative.

L'habitude, on le voit, ressemble à une simple *disposition*, naturelle ou acquise. La seule différence, c'est que la disposition est une qualité facilement séparable du sujet qu'elle modifie, tandis que l'habitude est une qualité plus durable et mieux enracinée. Ainsi les sciences, la connaissance des beaux-arts sont des *habitudes*, parce que, s'appuyant sur des principes cer-

(1) 2q. *Disp. de l'er.*, q. XXIV, a. 4c.
(2) D° q. XX, a. 2c.

tains, elles ne peuvent que difficilement se séparer du sujet qui les possède; on ne voit guère
pour les détruire qu'une longue désaccoutumance
ou la violence de la maladie; mais l'opinion, le
doute, le soupçon, sont de simples *dispositions,*
qui ne sont pas plus durables que les principes
qui les font naître.

Toutefois, il faudrait se garder de confondre
l'habitude avec l'inclination et avec la puissance.

L'inclination est un « appétit naturel », inhé-
rent à la puissance et qui la pousse à agir selon
son bien propre (1). Mais ce bien est multiple et
divers, et l'inclination sympathise avec tout ce
qui la charme. L'habitude, au contraire, par le
choix qu'elle opère entre les biens, rend la puissance qu'elle modifie plus apte à agir dans un
sens que dans l'autre. Par elle, la « puissance
est inclinée à la détermination spécifique de ses
actes (2) ».

Et l'on voit en même temps comment l'habitude se distingue de la puissance, celle-ci con-
férant simplement le pouvoir d'agir, celle-là
surajoutant l'aptitude à agir bien ou mal.
« L'intelligence, par exemple, donne le pouvoir
de connaître les choses, et la science donne la

____

(1) 2q. *Dispp. de Ver.*, q. XXII, a. 1. c.
(2) I², IIæ, q. LIV, a. 1c.

facilité pour les bien connaître (1). » Ainsi l'habitude perfectionne la puissance parce que la puissance ne peut aller au bout de son acte qu'au moyen de l'habitude. Et donc la puissance, qui a l'opération pour fin, ne peut être dite parfaite que lorsque, par l'habitude, est complète et achevée l'opération elle-même (2).

L'acte se rapportant diversement à la puissance et à l'habitude, on conçoit comment l'acte bon et l'acte mauvais peuvent convenir à la même puissance mais non à la même habitude. En effet, la bonté ou la malice ne peuvent être attribuées à l'acte considéré simplement dans ce qui constitue son essence, c'est-à-dire en tant qu'il résulte de l'exercice de la puissance; mais l'acte se rapporte à l'habitude en ce que celle-ci dispose la puissance à la perfection de son acte. Or cette diversité essentielle dans la perfection de l'acte exige que celui-ci soit accompli bien ou mal par la puissance, c'est-à-dire suivant une certaine convenance ou disconvenance avec sa nature. L'acte bon et l'acte mauvais demandent donc des habitudes essentiellement différentes. Mais comme les choses qui sont essentiellement diverses diffèrent spécifiquement entre elles, il en résulte que « les habitudes se distinguent

(1) *In lib.* IV, *Sent. Dist.* IV, q. I, a. 1 sol.
(2) I* II**, q. L, a. 2 ad 3. *In lib.* I, *Sent. Dist.* III q. IV, a. 2 sol. 2q. *Disp. de Virt.*, q. I a. 1 c.

spécifiquement les unes des autres d'après la différence du bien et du mal (1). »

L'effet de l'habitude n'est pas seulement de déterminer les puissances à agir bien ou mal. Elle donne encore à l'action uniformité, facilité et délectation.

Uniformité d'abord, en inclinant les puissances à s'exercer constamment de la même manière. Par exemple, si la volonté a l'habitude de la vertu, elle choisit constamment ce qui est conforme à la règle des mœurs. C'est pour cela que l'habitude est appelée une *seconde nature;* car, de même que la nature opère uniformément, de même la puissance, qui était indifférente à opérer de telle ou telle façon, se trouve déterminée par l'habitude à produire des actes d'une manière semblable; à noter, toutefois, qu'il n'y a là nulle contrainte mais simple inclination de la volonté (2). « Toute forme, écrit saint Thomas, doit être reçue dans sa subsistance suivant la manière d'être de celle-ci. Or, la propriété d'une puissance rationnelle c'est qu'elle puisse agir en sens opposé et qu'elle soit maîtresse de ses actes; conséquemment, la puissance rationnelle n'est point contrainte, par l'habitude contractée,

(1) I⁎ IIæ, q. XIX, a. 4 ad 3, q. LIV, a. 3 c.

(2) *De Ver.,* q. XX, a. 2 c.; *De Virtut.,* q. I, a. 1⁎ c.; I⁎ IIæ, q. LXXVIII, a. 2 c. *In lib.,* III, *Sent. Dist.* XXX, q. I, a. 5 ad 5.

d'agir de la même manière mais elle conserve le pouvoir d'agir ou de n'agir pas (1). »

En second lieu, comme l'habitude consiste dans une certaine propension à agir, elle est cause que les opérations « se trouvent toujours prêtes et qu'elles s'exercent facilement ».

Enfin, « l'habitude est cause que l'opération parfaite s'accomplit avec une certaine délectation. » Car étant une seconde nature, elle rend l'opération qui lui est propre comme naturelle et par conséquent agréable; la convenance est, en effet, une cause de délectation.

En résumé, l'habitus (dont l'habitude des modernes n'est qu'une espèce) est une disposition stable quelconque, qui affecte un sujet en bien ou en mal, dans son être ou dans son opération (habitus entitatif, habitus opératif). Il est essentiellement un *état* soit de la nature où il se trouve (santé), soit de la faculté qu'il détermine (science).

II

Sujet des habitudes.

L'habitus entitatif affecte le corps directement, mais l'habitus opératif est premièrement dans

(1) *De Virt.*, *loc. cit.*, ad 11.

l'âme et secondairement seulement dans le corps, dans la mesure où ce dernier est rendu apte à servir promptement aux opérations de l'âme (1).

Une question se pose ici : l'habitus entitatif, qui affecte la nature, peut-il aussi se trouver dans l'âme? Il faut répondre : non. L'âme étant l'acte qui parfait la nature humaine, la disposition ou habitus part du corps, puisque l'habitus détermine la puissance et tient le milieu (2) entre la puissance et l'acte. Il n'y aurait que le cas où l'âme serait appelée à participer à quelque nature supérieure. Devenant à son tour puissance, elle pourrait être affectée par un habitus entitatif (la grâce).

Ainsi donc, si l'on fait abstraction de l'état surnaturel, les habitus entitatifs ont pour siège le corps, les habitus opératifs l'âme, ou mieux les puissances de l'âme (premièrement les puissances rationnelles et d'une certaine manière les facultés sensibles, dans la mesure où elles sont subordonnées à la raison).

---

(1) I͏ᵃ IIᵃᵉ, q. L, art. 1 c.

(2) L'habitude est *acte premier* et l'opération *acte second*. (*De anima*, II, lec. 1).

III

Genèse des habitudes.

Une fois déterminés la nature et le sujet de l'habitude, il faut rechercher comment naît, se développe, s'affaiblit et se perd l'habitude.

Et d'abord existe-t-il des habitudes naturelles, c'est-à-dire innées? S'il s'agit de l'habitude entitative, on doit répondre qu'elle peut être naturelle ou innée; ainsi l'habitude qui consiste à avoir un corps apte à être informé par une âme raisonnable. « Elle nous est donnée dans la création (1). »

S'il s'agit de l'habitude opérative, elle ne saurait être jamais entièrement naturelle. Elle peut être naturelle « selon la nature spécifique, du côté de l'âme, comme est dite naturelle l'intelligence des premiers principes. C'est qu'en effet, en raison de la nature même de son âme intellectuelle, il convient à l'homme de connaître immédiatement, dès qu'il connaît ce qu'est le *tout* et ce qu'est la *partie,* que *le tout est plus grand que la partie.* Mais ce qu'est le tout et ce qu'est la partie, il ne le connaît que par les sens (2) » . Et donc l'habitus opératif vient partiellement de

(1) *In lib.* III, *Sent. Dist.* XXIII, q. III, a. 2 ad 1.
(2) Iᵃ IIᵃᵉ, q. LI, a. 1 c.

la nature et partiellement d'un principe extérieur. A mesure que l'on descend de l'intelligence à la volonté, la part de la nature disparaît
au profit du principe extérieur. Dans les habitudes de la volonté, seuls les principes de la
raison pratique sont naturels, mais les habitudes en elles-mêmes ne sont en rien les œuvres
de la nature. Elles ne sont naturelles que secondairement, en tant que rattachées à la raison
pratique.

Les habitudes qui dérivent de l'action s'appellent des habitudes acquises. Elles sont engendrées par la multiplicité des actes. D'où l'on
voit que, d'une part, les actes précèdent l'habitude
acquise, puisqu'elle est engendrée par eux, et
que de l'autre ils sont produits par elle, puisque
l'habitude est l'acte premier de la puissance.
Or, les actes qui donnent naissance à l'habitude
acquise sont les actes des habitudes naturelles :
car aucune autre habitude n'est engendrée
par les actes d'une habitude acquise. Cette
dernière seulement acquiert par leur répétition
une force nouvelle; il est impossible, en effet,
de multiplier les habitudes à l'infini (1).

Voici comment naît l'habitude.

Chacun sait déjà que l'habitude est une qualité déterminée dans un sujet passif par un prin-

____

(1) *De Ver.*, q. I, a. 10 ad 19.

cipe actif. Celui-ci doit donc entièrement triompher de celui-là, peu à peu, comme la flamme arrive à embraser le combustible et à lui imprimer sa propre similitude. Il est clair que la raison ne peut s'imposer d'un seul coup à la puissance appétitive. Mais, pour y parvenir, il lui faudra multiplier ses actes. Il n'est guère que les habitudes entitatives qui puissent être causées par un seul acte, quand le principe actif est d'une grande puissance, comme il arrive parfois qu'un remède violent amène subitement la santé. Pour l'habitus de la vertu, au contraire, le premier acte cause une certaine disposition; et le second, trouvant la matière disposée, la dispose encore davantage; et la troisième encore davantage; et ainsi le dernier acte, agissant dans la vertu de tous les précédents, achève l'habitus vertueux; comme il arrive des multiples gouttes d'eau qui creusent la pierre (1).

Il est une troisième catégorie d'habitude, qui s'appelle l'habitude infuse. Elle surpasse entièrement les facultés de la nature humaine, comme la foi, l'espérance et la charité, ou bien, si elle n'est pas surnaturelle, elle est communiquée immédiatement par Dieu, en dehors de tout principe naturel. C'est ainsi, par exemple, que Dieu « donna aux apôtres la connaissance des

_____

(1) Quest. disp. *De Virt.*, q. I, act. 1 ad 11.

Écritures et de tous les idiomes; connaissance que l'on peut acquérir par l'étude et par le commerce des autres hommes, quoique moins parfaitement (1). »

IV

Croissance et corruption des habitudes.

L'expérience prouve que les habitudes sont susceptibles d'accroissement. Cette augmentation se fait non point pas addition d'une forme à une autre forme, mais par la participation de plus en plus parfaite du sujet à une seule et même forme, quand cette forme est absolue, c'est-à-dire spécifie le sujet. S'il s'agit de formes accidentelles, l'augmentation de l'habitude peut se faire par addition. C'est ainsi que celui qui apprend sans cesse de nouvelles conclusions géométriques augmente par addition son habitude de la science.

Les habitudes intellectuelles peuvent croître, ou diminuer, soit du côté des objets qu'elles concernent, soit du côté du sujet qu'elles modifient. Ainsi, une science est plus ou moins grande suivant qu'elle embrasse plus ou moins de choses,

(1) I* II*, q. LI, a. 4 c.

et « une science ou une santé égale est mieux
accueillie dans tel individu que dans tel autre,
à raison de l'aptitude diverse qu'ils tiennent,
soit de la nature, soit de l'exercice (1) ».

Pour ce qui est des habitudes morales, elles
sont susceptibles d'augmentation, ou de diminution, du côté du sujet mais non du côté des
objets. Du côté du sujet, car pour atteindre le
milieu vertueux qui n'est autre que la confor-
mité avec la droite raison, celui-ci peut être
mieux disposé que celui-là, soit à cause d'une
disposition plus prononcée de la nature, soit à
cause d'une plus grande perspicacité du jugement,
soit à raison d'une mesure de grâce plus abondante.

Mais les habitudes morales n'augmentent pas
du côté de l'objet, car quiconque possède une
vertu, la tempérance par exemple, la possède
pour toutes les choses auxquelles cette vertu
s'étend, ce qui n'a pas lieu s'il s'agit d'une science
ou d'un art; il ne suffit pas d'être grammairien
pour savoir toutes les choses qui se rapportent
à la grammaire.

Pour ce qui est de la destruction des habitudes, il faut distinguer la destruction *par accident*, qui a sa cause dans la corruption du sujet
auquel appartient certaine qualité, de la destruc-

(1) Q. LII, a. 1 c.

tion *par soi*, qui se produit dans une forme, lorsque cette forme éprouve en soi-même, ou du côté de sa cause, quelque contrariété. Or, comme les habitudes se rapportent proprement aux puissances rationnelles qui sont incorruptibles, il est évident que les habitudes ne peuvent pas être détruites *par accident*, c'est-à-dire du côté du sujet où elles sont inhérentes. D'autre part, comme elles se rapportent aussi d'une certaine manière aux facultés sensitives, qui sont sujettes à s'altérer, on peut dire avec juste raison que les habitudes sont susceptibles de se corrompre *par accident*. Par exemple, il peut arriver qu'une science s'efface de notre esprit par l'altération des organes du corps qui lui sont indispensables dans ses opérations. S'il s'agit de la destruction *par soi*, il est certain que les habitudes qui n'admettent en elles-mêmes rien de contraire sont aussi *par soi* indestructibles (1). Telles sont les habitudes des premiers principes, tant spéculatifs que pratiques, lesquels ne peuvent se corrompre ni par oubli, ni par erreur. Au contraire, il ne répugne nullement que les habitudes qui sont susceptibles d'une disposition opposée ne se corrompent *par soi-même*. Ainsi les faux raisonnements peuvent corrompre les habitudes de la vraie opinion ou même de la science; ce qui

(1) I⁴ II⁴, q. LII, a. 2 c. et q. LIII, a. 1 c.

fait dire à Aristote que l'erreur est la corruption de la science.

Or, il est visible que les habitudes sont affaiblies par la cause même qui les détruit, car l'affaiblissement de l'habitude est un acheminement à sa destruction, de même que la cause qui les engendre est l'un des fondements de leur développement.

L'habitude peut être détruite par l'interruption des opérations appartenant à un certain genre, non toutefois d'une manière *directe*, parce que l'habitude ne dépend nullement des actes pour sa conservation, mais *indirectement* par la production d'actes contraires. En effet, les habitudes, comme nous l'avons dit, peuvent être détruites par un principe actif opposé : si donc les principes contraires aux habitudes grandissent peu à peu et si nous ne leur résistons pas du tout, ou seulement dans des cas très rares, par des actes procédant de ces habitudes, les habitudes s'affaiblissent et disparaissent tout à fait. « L'interruption des actes amène l'altération complète ou l'affaiblissement des habitudes, en ce qu'elle fait disparaître les actes qui opposaient une barrière aux causes destructives ou débilitantes de l'habitude. Par exemple, lorsqu'on n'emploie pas l'habitude de la vertu pour modérer les passions, ou les opérations propres, il arrive nécessairement que bien des passions et des opérations, dépassant la juste mesure qui réclame la vertu, surgissent sous l'impulsion de l'appétit sensitif, ou d'autres causes qui agissent du dehors; c'est ainsi que la vertu disparaît avec la cessation de l'acte vertueux (1). »

Conclusion. — On peut définir *l'habitus* ou *l'habitude* une qualité permanente (naturelle, acquise ou infuse) qui dispose un sujet :

a) Quant à son être, c'est l'habitude entitative, qui a pour siège le corps (l'âme pour les habitudes surnaturelles);

b) Quant à son opération, c'est l'habitude opérative, qui a pour siège les puissances de l'âme.

(1) I· IIæ, q. LIII, a. 3 c.

ERRATA

P. 10, note (1), au lieu de : *Ouvr. cité*, lire : *Article cité.*

P. 11, ligne 7, au lieu de : indifiniment, lire : indéfiniment.

P. 20, lignes 6 et 7, au lieu de : dérobe, dérobera, lire : se dérobe, se dérobera.

P. 26, ligne 22, au lieu de : sont, lire : son.

P. 28, note (1), au lieu de : φύσις ἤδη τὸ ἔθος, lire : φύσις ἤδη τὸ ἔθος.

P. 49, ligne 6, au lieu de : désordonnés, lire : exagérés.

P. 92, ligne 2, au lieu de : psychologique, lire : physiologique.

P. 96, ligne 9, au lieu de : Eger, lire : Egger.

P. 107, ligne 14, au lieu de : ortographe, lire : orthographe.

P. 125, ligne 10, au lieu de : Malebranche, lire : Maine de Biran.

TABLE DES MATIÈRES

		Pages.
L'habitude	. . . .	5
Chapitre I. — *Nature de l'habitude.*	. . . . . .	7
Chap. II. — *Lois de l'habitude.*	. . . .	47
Chap. III. — *Domaine de l'habitude.*	. . . .	75
Chap. IV. — *Rôle de l'habitude*	. . . .	122
Appendice. — *L'habitude dans Saint Thomas*	. .	186

IMPRIMERIE DE MONTLIGEON (ORNE), — 10662-10-20.

www.ingramcontent.com/pod-product-compliance
Ingram Content Group UK Ltd.
Pitfield, Milton Keynes, MK11 3LW, UK
UKHW022036070726
13613UKWH00002B/536